我国城市创新竞争力研究

王书华　陈诗波◎著

·北京·

图书在版编目（CIP）数据

我国城市创新竞争力研究 / 王书华，陈诗波著. —北京：科学技术文献出版社，2019.7
 ISBN 978-7-5189-5089-8

Ⅰ.①我… Ⅱ.①王…②陈… Ⅲ.①城市经济—竞争力—研究—中国 Ⅳ.① F299.2

中国版本图书馆 CIP 数据核字（2019）第 002912 号

我国城市创新竞争力研究

策划编辑：李 蕊　　责任编辑：张 红　　责任校对：文 浩　　责任出版：张志平

出 版 者	科学技术文献出版社
地　　　址	北京市复兴路15号　邮编 100038
编 务 部	（010）58882938，58882087（传真）
发 行 部	（010）58882868，58882870（传真）
邮 购 部	（010）58882873
官方网址	www.stdp.com.cn
发 行 者	科学技术文献出版社发行　全国各地新华书店经销
印 刷 者	北京虎彩文化传播有限公司
版　　　次	2019年7月第1版　2019年7月第1次印刷
开　　　本	710×1000　1/16
字　　　数	153千
印　　　张	9.5
书　　　号	ISBN 978-7-5189-5089-8
定　　　价	46.00元

版权所有　违法必究

购买本社图书，凡字迹不清、缺页、倒页、脱页者，本社发行部负责调换

目 录

第1章　城市创新与区域发展 ··· 1
- 一、区域发展中的城市创新 ··· 1
- 二、城市创新的研究进展 ··· 4
- 三、区域科技合作与城市群 ··· 9
- 四、本章小结 ·· 16

第2章　我国城市创新的进展和突出问题 ····································· 17
- 一、我国推进城市创新工作的进展 ·· 17
- 二、城市创新的现状特征 ·· 25
- 三、我国城市创新中的主要问题 ·· 28

第3章　我国城市科技资源的配置与布局 ····································· 30
- 一、我国城市科技资源配置现状 ·· 31
- 二、我国城市科技资源综合配置能力 ·· 36
- 三、我国城市科技资源配置与经济发展水平的相关性分析 ······················ 39
- 四、我国城市创新综合竞争能力分析 ·· 41

第4章 科技创新能力对城市发展效率影响分析
——基于结构方程模型的实证研究 …… 46
一、研究假设与理论模型构建 …… 47
二、样本选择与数据来源 …… 48
三、模型估计与结果分析 …… 50

第5章 以创新推动城市发展转型的典型模式 …… 53
一、以科技创新推动城市发展方式转型的主要模式 …… 54
二、以科技创新推动城市发展方式转型模式的分析与启示 …… 77

第6章 欠发达地区城市创新资源配置特点与创新路径分析
——基于贵州省9个市（州）的案例研究 …… 82
一、贵州省科技创新能力与创新阶段的基本判断 …… 82
二、贵州省9个市（州）创新资源的基本特点 …… 86
三、当前存在的突出问题与资源布局特征 …… 88
四、城市创新的路径选择 …… 90

第7章 发达地区城市创新实证研究——基于长三角城市群的案例分析 …… 94
一、长三角城市群的范围界定 …… 94
二、长三角城市群经济社会发展水平比较分析 …… 95
三、长三角城市群创新资源配置现状 …… 115
四、长三角区域典型城市创新模式分析 …… 127

第8章 促进城市创新发展的政策建议 …… 138
一、要加强对城市科技创新的规划编制与分类指导 …… 138

二、城市创新要更加注重对企业创新的引导，提高企业
　　自主创新能力 ………………………………………………… 139
三、强化城市多层次的科技创新公共服务平台建设 ………… 139
四、城市创新要注重培育一批产业创新集群网络 …………… 140
五、加大对创新人才的引进和培育力度，建立有效的人才
　　激励制度和政策体系 ………………………………………… 141
六、积极推动城市群内部的城市分工与协同创新 …………… 142

参考文献 ………………………………………………………… 144

第1章
城市创新与区域发展

城市是经济社会发展的重要载体，国家的综合竞争力很大程度上依赖于城市的综合竞争力。在中国，70%以上的GDP、80%以上的国家税收出自城市，90%以上的大学和科研力量等创新资源分布在城市，城市在一个地区经济发展和创新驱动中起着重要的推动和支撑作用。在党的十八大提出实施创新驱动发展战略、建设创新型国家的战略决策背景下，创新型城市建设作为创新型国家建设的重要组成部分，把创新作为城市发展的根本方法与手段，研究全国城市创新资源的状况与创新能力，并开展典型地区的城市创新案例研究。在案例研究中，考虑经济发展水平、文化特征等对城市创新路径的不同影响，本书重点选取长江三角洲地区和贵州省两个经济发展水平与创新水平截然不同的地区作为典型，在城市创新资源分布分析基础上，从创新资源、创新人才、创新能力、创新合作、创新制度建设等若干角度，开展对长江三角洲地区和贵州9个市（州）的调研，进行城市创新模式、创新机制等方面的研究，以期寻求以城市为骨架开展区域协同创新的若干思路与途径。希望这些探索性的研究，对构建创新型城市、带动区域创新发展、加快推进创新型国家建设发挥一定的研究价值。

一、区域发展中的城市创新

（一）城市与区域发展的关系

区域经济是指某一特定经济区域内社会经济活动和社会经济关系的总

和，是一种以某种经济活动或特定经济极点（城市）为中心的、具有宏观经济意义的地域性综合经济体系。随着经济的全球化及随之而来的区域一体化，以城市为中心的区域经济的重要性正在唤起更多关注。城市是区域经济发展的策源地，是一定区域的现代工业生产基地和科学技术基地，其生产效率和经济效益显著高于周边地区，它主要通过辐射、吸引和示范作用来带动周边地区的经济发展；城市是支持区域经济运行的空间依托，它通过较完善的生产和生活服务系统，为区域经济发展提供各种保证，从而成为区域经济运行的支点；城市为区域经济发展提供较完善的市场体系，通过城市经济活动，不仅可以实现一定地域城乡之间、城市之间的经济联系，还可以实现不同经济区域之间的经济联系，为区域社会再生产的顺利进行提供实现条件。因此，城市在一定的经济区域内居于"心脏"地位，在区域经济发展中起到龙头和核心作用，城市经济的高速发展是区域经济发展的前提和基础。

（二）城市创新是区域创新的重要载体

一般来说，推动区域创新主要有以下4种重要途径。

第一种，从提升和完善体制机制入手。包括：① 建立提升自主创新能力的体制机制。推进开发类科研机构改制改革，开展公益类科研机构分类改革，建立现代管理制度试点。支持和引导科研机构、研究人员围绕共性技术、关键技术进行研究开发。政策采购优先支持自主创新产品。支持企业引进技术消化吸收和再创新，完善企业技术创新激励机制，引导企业加大科技投入，扶持科技型中小企业开展技术创新。加大对基础研究、前沿高技术研究、社会公益性研究的支持，提高财政对科技研究的投入，鼓励地方政府建立促进科技成果转化和中小企业创新的专项资金。② 建立科技资源统筹协调机制。调整优化经济区内科技力量布局，统筹科技资源，提高科技资源的使用效率，形成科技工作的会商机制和沟通协调机制。推动基础性、前沿性技术和共性技术研究平台建设，推进重大科技基础设施建设和开放共享。推进科研机构、高等院校资源共享，建立成果转换和技术转移新机制。加快科技管理体制改革，探索建立新型科技管理体系，提高科技管理水平，加强法制化建设。③ 完善科技成果转化助推机制。强化创业服务中心、高新技术开发区、经济技术开发区、大学科技园等孵化器功能，改善技术研发和产业化条件。大力发展技术评估、产权交易、成果转化等中介机构，构建技术转移服务平台、技术创新成果交易平台、高新技术产权交易平台等，促进创新成果转化。进一步改善创新创业投融资环境，积极发展科技保险，合理设置创业投资引导资金规模，鼓励发展各类创业风险投资基金，支持初创型中小企业的发展。加强知识产权保护和管理，营造有利于知识产权创造和运用的制度环境。进一步完善科技评价和奖励等政策措施，健全促进技术转移、成果转化的激励机制。

第二种，构建开放型、完善的区域创新体系。一般来说，通过加强区域合作与国际合作，完善区域创新布局，加强创新能力建设，构建开放融合、布局合理、支撑有力的区域创新体系。同时，新建一批国家级或省级创新基地、研发中心和企业技术中心（以企业或科研院所为主体），提高区域企业、院所等创新主体的自主创新能力。

第三种，加强一个地区创新型人才的培养和引进。鼓励企业依托高等院校、职业院校和科研机构，建立区域高新技术和高层次应用型人才、高技能人才培养基地。加强国际合作交流，发展和完善多种形式的科技创新人才国际化培养模式。加大人才引进力度，重点引进高层次人才、高科技人才及经济社会发展需要的紧缺人才。

第四种，依托城市（中心城市）作为创新载体，推进各具特色的创新型城市建设。实践中，如深圳在创新型城市的定位中更加强调自主性和国家级两个概念；北京则更加强调知识创新和原始创新，注重本身在全球创新网络中的地位；天津立足本地实际，更加强调基于产业发展的技术创新的重要性；上海凭借自身得天独厚的基础条件，提出在知识竞争力方面进入世界级大都市的行列；南京将软件、生物医药、新材料、新型光电、文化产业5个新兴产业作为突破口，以科技对产业的引领显示创新型城市建设的特色；合肥则主要围绕国家级高校和高新技术产业化基地，以建设国际著名科学城为创新型城市的发展目标。

因此，随着全球化趋势的加快和知识经济的发展，创新越来越成为国家经济发展的核心驱动力和世界各国发展的战略选择，也被公认为是城市实现高速发展的重要途径。当前，世界主要国家的重要城市都呈现"由依靠传统的资本、劳动力等基础生产要素投入向倚重于知识、信息、技术、专业化的人力资本等高级生产要素投入转变"的发展趋势，并通过建设创新型城市来带动整个国家经济、社会、文化的发展，促进当地经济的全球化发展。作为建设创新型国家的切入点和建设区域创新体系的中心环节，城市创新对我国整体创新能力的提升起着至关重要的作用。

二、城市创新的研究进展

关于城市创新的理论研究起源于 2000 年左右，但其理论基础可追溯到 20 世纪初期的创新系统理论。首先，要从"创新"这一概念讲起，"创新"的概念最早由美籍奥地利经济学家熊彼特 1912 年在《经济发展理论》一书中提出，他认为创新是经济增长的核心，技术变化是经济周期性波动的根本原因，技术的变化以创新的形式出现[1]。此后，随着对创新研究的不断深入，著名英国经济学家弗里曼在 1987 年又提出了"国家创新系统"（National Innovation System）——"由公私部门机构组成的网络，它们的活动和相互作用促成、引进、修改和扩散了各种新技术"[2]，他认为创新应当是能够提高人类生产效率的活动。波特（1990）提出了国家创新系统的钻石结构模型，库克（1992）提出了区域创新系统（Regional Innovation System）——"在一定地理范围内，经常地、密切地与区域企业的创新投入相互作用的创新网络和制度的行政性支撑安排"[3]。

21 世纪以来，西方学者为了应对城市衰退和适应全球化需要，展开了大量关于城市与创新之间关系的探讨。随着城市经济功能呈现由传统产业转向高新技术产业、由制造转向研发、由生产转向服务并迈向创新中心的趋势，城市尤其是中心城市日益成为信息、技术、品牌、知识、人才等创新资源的载体和聚集地；在"核心竞争力"的概念被引入城市研究后，将"创新"定位为城市核心功能或核心竞争力的主张得到广泛认同，"创新"也被认为是城市经济发展的内在动力和决定性因素[4]。

在国外有关创新型城市的文献中，对于创新型城市的英文表达有两种："Creative City"和"Innovative City"。这两种表达有共通之处，又诠释着各自的特点。Creative City 强调创造性的文化理念带动城市的复兴，而 Innovative City 则把重点放在技术、知识、人才和制度等综合要

---

[1] JOSEPH A SCHUMPETER. The theory of economic development: an inquiry into profits, capital, credit, interest, and the business cycle[M]. New Brunswick: Transaction Publishers, 1911.
[2] FREEMAN C. Technology policy and economic performance: lessons from Japan[M]. London: Frances Pinter, 1987.
[3] COOKE P. Regional innovation systems: competitive regulation in new Europe[J]. Geoforum, 1992（23）: 365-382.
[4] 赵黎明，冷晓月. 城市创新系统[M]. 天津：天津大学出版社，2002.

素的变革上。Creative City 这种表达主要是来自英国和荷兰等欧洲国家的一些研究文献。Peter Hall 将创新型城市界定为"处于经济和社会的变迁中,许多新事物不断涌现并融合成一种新的社会形态的具有创新型特质的城市"。

国内的相关研究起步于21世纪初并在国家确立自主创新战略以后趋热,引来了越来越多的关注,也形成了一些零散的研究成果,呈现偏重决策支持研究的特点与倾向。创新型城市探索也受到有关国际组织的关注,如世界银行2003年发表的《创新的亚洲:增长的前景》对此就有所涉及,并在2005年发表了一份关于"东亚创新型城市"的专门研究报告。国内外关于创新型城市的理论研究多侧重于创新型城市的内涵、类型、特征、动力机制、评价体系、创建途径等。

(一)创新型城市的内涵

从对创新活动和国内外创新型城市概念的理解中,创新型城市是指基于新的城市发展观,具有良好的创新环境与创新文化,并以此支撑各个创新主体充分利用现有的创新资源实现高绩效创新的复杂创新系统。

该定义包含以下几层含义:创新型城市是对城市认识范式的革新,对城市实力、竞争力和发展潜力等指标需要做出全新的诠释和评价;创新型城市是建立在其创新环境与创新文化的基础上的,是各类创新要素集聚的特定城市;创新成为城市发展的主要推动力,自主创新成为城市总体战略,贯穿于城市科技、经济、社会发展的各个方面,增强自主创新能力成为产业结构调整、转变经济增长方式的中心环节;城市通过创新不断提升产业层次,在某些关键技术、核心领域、战略产业上具有领先优势和国际竞争力,创新的意识、创新的精神、创新的力量贯穿于城市建设的各个方面;建设创新型城市的核心是提高自主创新能力,着力点是推进科技进步和产业提升。也有学者认为,创新型城市就是以科技进步为动力、以自主创新为主导、以创新文化为基础的城市形态;一般由区域科技中心城市发展演变形成,是知识经济和城市经济融合的一种城市演变形态。

总之,创新型城市(Innovative City)的基本内涵是指以科技进步为动力,以自主创新为主导,以创新文化为基础,主要依靠科技、知识、人力、文化、制度等创新要素驱动发展的城市。当一个城市的发展由资本、资源驱动转变为由技术和创新驱动,在某种意义上,就算是跨入了创新型城市的行列。

（二）城市创新系统的定位与构成

从城市创新在国家创新中的总体定位来看，可将国家创新系统、区域创新系统、城市创新系统和企业创新系统实践层面与理论的关系归纳如图1.1所示。

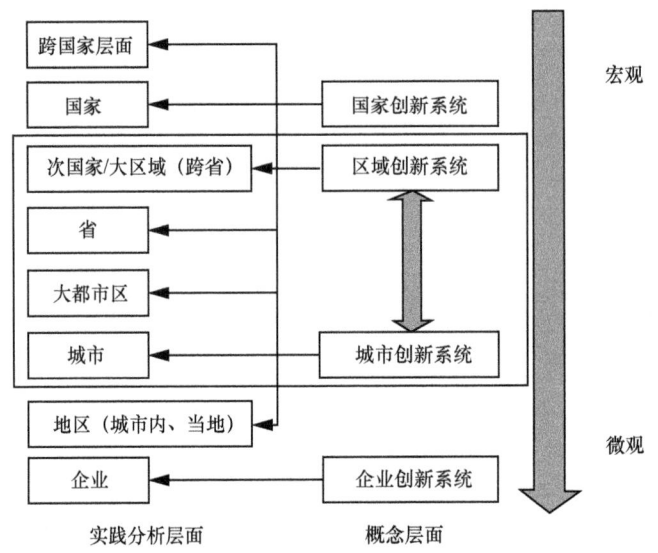

图1.1 创新系统的实践分析层面、概念层面及本研究层面（框内）

国外学者总结国际上成功的创新型城市（如美国的硅谷、英国的伦敦、日本的东京、印度的班加罗尔等）的建设经验，认为这些城市基本上都形成了由以下要素组成的较为成熟的创新体系：企业——技术创新投入、实施和利益主体；教育培训机构——创新知识生产、应用和传播的主要环节，是城市可持续创新能力的支撑；科研机构——创新系统的创新源和知识库；中介机构——创新系统中技术供方和需方的桥梁。金融机构——创新的资金支持者，是技术创新成功与否的要素；政府——创新制度的供给者，可以通过政策法规输入和反馈的调节，弥补市场失灵和系统失效。在城市创新系统的各要素中，特别是主体要素（企业、政府、教育和培训机构、金融机构及中介服务机构等）和非主体要素（文化制度、基础设施、知识发展等）的相互组合，构成官、产、学、研、金相结合的子系统，这些子系统共同构成了复杂的城市创新系统（图1.2）。该动态系统具有开放性，可在政府和市场机制的调控下，与外部环境（国家、区域、国际）相互交流与融合，进行物质、能量和信息的转换,维持系统的动态平衡。

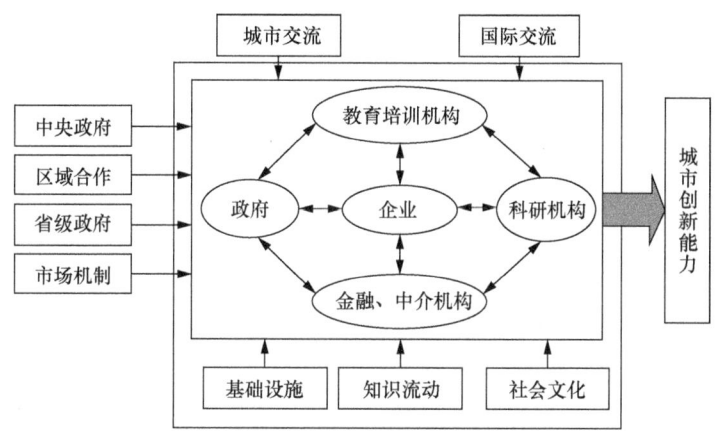

图 1.2　城市创新系统的组织构成模型

(三) 创新型城市的类型

有西方学者把创新型城市大致分为两类:文化创新型城市,其创新活动偏重于文化艺术产业,尤其注重培育各种创意产业;科技创新型城市,通过在工业、制造业方面的创新投入,促使产业的不断创新、发展,带动经济增长。其中,前者是"版权"产业带动经济增长,后者是"专利"产业带动经济增长。但无论是版权型还是专利型,都显示创新型城市是涵盖规划创新、文化创新、科技创新、产业创新、组织创新、制度创新、管理创新等全方位创新的一种城市治理模式,通过创新带来经济的增长和品质的提高。

(四) 创新型城市的特征

从构成要素上看,创新型城市必须具备创新主体(企业、大学、研究机构等),创新资源(基础设施、信息网络、资金、技术等)和创新制度(激励、竞争、评价和监督等);从发展驱动上看,创新型城市是以知识(包含科技)、人力资本为核心要素并通过创新驱动的一种城市发展模式,这里的"创新"包含知识创新、技术创新、制度创新和文化创新等综合创新要素;从功能标志上看,创新型城市是研发资源的高密度聚集区、区域性科技研发中心、产业链的"高端"节点集聚地,以及区域性新兴产业中心、品牌资源密集区、大批创新型企业的营销窗口或营销创新舞台、公司总部聚集地和区域性企业运营中心。还有西方学者对一些"亚类"创新型城市的特征进行描述，如学习型城市将创新和学习作为发展的核心，通过全民学习、终生学习、创新应用和新兴技术来支撑经济发展；知识城市就是在知识经济发展进程中，从战略上有目的地鼓励知识培育、技术创新、科学研究和提升创造力的城市；高科技城市将高科技产业作为支柱产业，通过科技合作发展城市经济，将高科技与城市发展紧密结合起来。

（五）创新型城市的评价体系

国外学者提出的城市创新能力评价指标体系，主要可分为硬件指标和软件指标。硬件指标是激发城市创新能力的前提。城市中硬件设施的数量、质量、多样性和可获得性对支持创新十分重要。创新型城市的软件指标表现在城市历史、城市危机感、城市的内在创新能力，以及城市的组织能力、市民的价值体系或生活方式、市民对城市的归属感等方面。有国内学者选取了6个基本指标组成创新型城市的评价体系：区域技术对外依存度；技术进步对经济增长的贡献率；发明专利占全社会专利申请量的比重；高新技术产业产值占工业总产值的比重；研发投入经费占GDP的比重及企业研发投入占销售收入的比重。冯霞提出创新型城市的评价指标体系至少要包括思想观念创新、科学技术创新、体制机制创新、发展环境创新、文化氛围创新五大类。卢小珠等用3个指标来衡量城市创新能力：人才资源(人才素质和人才总量)、物质基础(研发投入和教育投入)和创新成果(科研成果和技术进步)。

（六）创新型城市的创建途径

世界银行关于"东亚创新型城市"的研究报告提出了一系列成为创新型城市的先决条件，如拥有优良的交通电信基础和功能完善的城市中心区；拥有充足的经营、文化、媒体、体育及学术活动的场所设施；拥有受教育程度较高的劳动力队伍；政府治理有效，服务高效；拥有高质量的居住选择；社会多元，能接纳各种观点的碰撞、各种文化的融合和各种体验的交汇等。在具备了这些先决条件的基础上，还需要加强创新型城市建设的战略规划，突出企业的创新主体地位，形成有利于创新型人才脱颖而出的体制、机制和社会环境，建立城市多层次的自主创新支持系统和公共服务平台，提升科技在城市管理、建设中的应用水平，以及在经济增长方式转变和经济结构调整中的引领地位，使创新型服务业成为提升城市功能和辐射能力的主要驱动力等。

三、区域科技合作与城市群

城市群（城市带、城市圈、都市群或都市圈）是指以中心城市为核心，向周围辐射构成城市的集合。"城市群"理论可以追溯到20世纪50年代在牛津大学任教的法国地理学家戈特曼（Gottmann）。1961年，他在对美国东北部高度城市化的区域研究了20年之后，发表了纪念碑式的著作《都市群：美国城市化的东北部海岸》。在书中，他第一次提出"都市群"的概念。都市群的英语为"Megalopolis"，该术语来自希腊词汇，意思是"巨大城市"。都市群也被叫作城市群、都市带或巨大都市。城市群的特点反映在经济紧密联系，彼此之间的产业分工与合作，交通与社会生活、城市规划和基础设施建设相互影响。由多个城市群或单个大的城市群即可构成经济圈。城市是区域经济社会发展的中心，是国家经济产出最重要的基地，是各类创新要素和资源的集聚地，城市的发展对区域和国家发展全局影响重大。党的十六大提出建设创新型国家的发展战略之后，创新型城市建设成为推进创新型国家建设的重要载体。

创新型城市是指主要依靠科技、知识、人力、文化、体制等创新要素驱动发展的城市，对区域具有高端辐射与引领作用。创新型城市的内涵一般体现在思想观念创新、发展模式创新、机制体制创新、对外开放创新、企业管理创新和城市管理创新等方面。创新型城市是创新型国家建设的重要支柱，是探索城市发展新模式的迫切要求，也是推进国家创新体系建设的关键环节，在加快经济发展方式转变中发挥着核心带动作用。充分发挥城市在推进自主创新、加快经济发展方式转变中的核心带动作用，加快推进创新型城市建设，对于增强自主创新能力、加快经济发展方式转变、促进区域经济社会又好又快发展和建设创新型国家意义重大。

（一）城市群相关的基本概念

从国内外推动区域创新的实践来看，以城市体系为载体，或以中心城市间的科技合作为重点，成为区域科技合作的重要主体。因此，本书对城市、城市群的相关概念及理论等进行了初步梳理与分析。

从文献收集与分析来看，国内研究中与城市群相关的概念有很多，如城市圈、城市带、都市圈、都市连绵区等。这些概念存在着一定的共性，同时也有一定的区别。

1. 城市群

我国学者对城市群概念的普遍观点是：① 城市群内应有城市化发展水平较高的城市，并且城市群整体城市化水平较高。② 城市群或者以中心城市为核心和依托，或者以一个特大城市或大城市作为地区经济的核心，首位度较高的中心城市至少应有一个或两个。③ 城市群是由若干个性质功能互补的城市组成的相对完整的城市集合体，是一个群体的概念。④ 城市群指的是在一定的地缘经济范围内，由若干基本单元组成的连续区域，是一个地域概念。总结来说，城市群就是一定数量不同性质、类型和等级规模的城市，以一个或两个超大或特大中心城市作为核心，以一定的自然环境条件为依托，共同构成一个相对完整的城市"集合体"。

2. 大都市（城市）带

1957年，城市地理学家戈特曼（Gottmann）发表了具有划时代意义的著作——《大都市带：美国东北海岸的城市化》，并由此开辟了城市地理学的一个崭新的研究领域。他认为，在大都市带（Megalopolis）这种巨大的城市化地域内，支配空间经济形式的已不再仅仅是单一的大城市或都市区，而是集聚了若干都市区，并在人口和经济活动等方面密切联系形成的一个巨大整体。总的来说，大都市带的基本概念是以都市区为基本组成单元，以若干大城市为核心并与周围地区保持强烈交互作用和密切的社会经济联系，沿一条或多条交通走廊分布的巨型城乡一体化地区[①]。

城市带和大都市带的含义基本相同，但和城市群概念有所不同，城市带所强调的是城市分布的形态，但城市之间不一定存在密切联系，而城市群强调城市之间的经济联系及相互影响。

3. 都市（城市）圈

都市圈的概念起源于日本，日本在太平洋沿岸分布了东京、大阪、名古屋三大都市圈，共同构成太平洋沿岸东海道城市群。都市圈(Metropolitan Coordinating Region)比较完整的概念是：由一个或多个中心城市和与其有紧密的社会、经济联系的邻接城市组成，并具有一体化倾向的协调发展区域。都市圈是由一个或多个核心城市与若干相关的周边城市组成的，在功能上有机分工、相互依存，在空间上密切联系并且具有一体化倾向的城市复合体，其自身并不存在既定和行政边界。

---

① JEAN GOTTMANN. Megalopolis: the urbanization of the northeastern seaboard[J]. Economic geography, 1957, 33（3）: 189-200.

都市圈和城市圈的概念基本相同，但和城市群还是有所区别的，城市群偏重于强调城市组合的整体，而都市圈着重于个别城市的突出作用。例如，长三角的上海、珠三角的香港和京津唐的北京。因此，可以认为，每个城市群都有一个或多个都市圈。都市圈一般是根据一个或两个大都市辐射的半径为边界并以该城市命名。

4. 其他相关概念

城市场：是由弗里德曼(J. Friedmann)和米勒(J. Miller)在1965年提出的，是含义最广泛、地域最广阔的城市地域。这是从美国的现实出发，但主要着眼于未来的一种理想的城市空间形式。弗里德曼认为，城市场包括三层含义：社会地域子系统、人口空间配置、自然环境。简单地说，城市场被认为是从良好的社会经济联系的网络演化成的有着相对低密度的、广阔的多中心区域结构，其许多城市中心被主要用于农业和娱乐的开阔空间所环绕，原来的巨大中心城市正在开始失去它的传统优势，变成仅仅是区域中的专业化中心之一。城市场的范围比通勤圈更广，是因为它还包括城市居民周期性的户外娱乐活动场所，囊括了城市居民的绝大部分生活空间。弗里德曼认为，这是未来人类住地的一种新的空间组织形式。

通勤圈：是指大城市通过建设近郊和远郊地区，通勤半径可以逐渐延伸到20~50公里，在高速铁路网发达的东京，现在可以达到100公里，这样一个通勤圈也可称为大城市圈，其半径受铁路、公路建设水平制约，通勤圈扩展不是单纯的同心圆式扩张，而是沿着交通干线呈放射线型延伸，在延伸放射线上可以分裂出许多卫星城市。日本学者成田孝三界定了城市群与通勤圈的联系。他认为，大都市外围应有一个"都市广域联系圈"，其范围应该比通勤圈更大。同时，他还以大阪广域联系圈为例，论述了通勤圈的4个相互联系的方面：劳力流入圈、批发零售圈、中枢管理机能圈和电话交流圈，也即人流圈、物流圈、中心职能圈和信息流圈。

总的来说，我们习惯把若干紧密相连的城市所构成的区域称为"城市群""城市带（大都市带）"或"城市圈（都市圈）"。但严格来说，这三者是有区别的。首先，可以从紧密相连的城市在地理空间上的不同分布形态进行分类：城市群是散点状的，城市圈是环状的，而城市带是带状的。其次，三者在城市的发展水平和能量级上也是不同的，但三者之间存在递进关系。几个地域邻近的城市通过共同发展成为具有一体化性质的城市群。在城市群的发展过程中，中心城市的辐射作用逐渐加强而发展成为城市圈，进而由几个地域相近的城市圈构成范围更广、城市化程度更高的城市带。

（二）区域城市群基本格局

区域城市群分布主要为块状式的。一个区域内依据地理位置、资源和交通会形成几个独立的城市群，共同促进一个地区经济的发展。例如，我国中部地区的武汉城市圈、中原城市群、长株潭城市群、皖江城市带。一般来说，城市群内的城市布局主要有以下两种模式。

1. 单核式

① 城市群内呈线状的城市布局。以一个重点城市为主导（省会城市为主）成为区域经济的核心，重要节点城市为支撑(沿江、沿湖、沿交通干线的城市)的集约化、错位发展的空间开发格局。例如，构建以鄱阳湖为"绿心"，以南昌为中心，以九江、景德镇、鹰潭、新余和抚州等城市为主要支撑，以环鄱阳湖交通走廊为环状的空间开发格局；构建以太原为中心，以太原盆地城市密集区为主体，以主要交通干线为轴线，以汾阳、忻州、长治、临汾等主要节点城市为支撑的空间开发格局。② 城市群内同心圆式的城市布局。例如，中原经济区，构建以郑州为中心，以郑汴（郑州、开封）一体化区域为核心层，以"半小时经济圈"城市为紧密层，以"一小时交通圈"城市为辐射层的"一极两圈三层"的空间开发格局。③ 城市群内中心带动、两翼齐飞、组团发展式的城市布局。例如，甘肃实施"中心带动、两翼齐飞、组团发展、整体推进"的区域发展战略，充分发挥兰州等中心城市的辐射带动作用，积极打造陇东、河西两大能源基地，构建各具特色的组团式发展格局，全面推进区域协调发展。

2. 双核式

城市群内双核式的城市布局。例如，皖江城市带以合肥、芜湖为双核，发挥合肥作为省会城市、全国科技创新型试点城市、综合交通枢纽的作用，强化芜湖作为皖江开发开放龙头的地位和重要节点城市的作用，进一步提升两市产业集聚和自主创新的能力，增强服务功能，发挥辐射作用；以滁州、宣城为两翼；以重要节点城市为支撑(沿江、沿湖、沿交通干线，具有特色资源或优势产业的城市)，完善节点城市功能，带动示范区产业加快发展。又如，成渝地区以重庆和成都为"双核"，以沿长江发展带、成绵乐发展带、成内渝发展带、成南（遂）渝发展带、渝广达发展带为"五带"。

（三）我国现已提出的有关城市群的相关政策

在《2010中国城市群发展报告》中提到的23个城市群中，15个为达标城市群：长三角、珠三角、京津冀、山东半岛、辽东半岛、海峡西岸、长株潭、武汉、成渝、环鄱阳湖、中原、哈大长、江淮、关中、天山北坡城市群。2013年6月，国家发展与改革委员会主任徐绍史在第十二届全国人民代表大会常务委员会第三次会议上作了《国务院关于城市化建设工作情况的报告》。他指出，城市群的相关发展战略已经被列为城市化健康发展的重点之一。徐绍史介绍，今后在城市群的发展中，力求优化提升东部地区城市群，培育发展中西部地区城市群。发展改革委对城市群的发展目标是：下一步京津冀、长江三角洲和珠江三角洲城市群将向世界级城市群发展，另外再打造哈长、呼包鄂榆、太原、宁夏沿黄、江淮、北部湾、黔中、滇中、兰西、乌昌石等10个区域性城市群，在这10个城市群中，中西部地区占据大半名额。

1. 城市群

（1）太原城市群

该区域的功能定位是：资源型经济转型示范区，全国重要的能源、原材料、煤化工、装备制造业和文化旅游业基地。主要思路有以下几点。

——构建以太原为中心，以太原盆地城市密集区为主体，以主要交通干线为轴线，以汾阳、忻州、长治、临汾等主要节点城市为支撑的空间开发格局。

——强化太原的科技、教育、金融、商贸物流等功能，提升太原的中心城市地位，推进太原—晋中同城化发展。增强主要节点城市集聚经济和人口的能力，强化城市间经济联系和功能分工，承接环渤海地区产业转移，促进资源型城市转型。

——依托中心城市发展劳动密集型城郊农业、生态农业和特色农产品加工业。

——实施汾河清水复流工程和太原西山综合整治工程，加强采煤沉陷区的生态恢复，构建以山地、水库等为基础，以汾河水系为骨架的生态格局。

（2）长株潭城市群

该区域的功能定位是全国资源节约型和环境友好型社会建设的示范区，全国重要的综合交通枢纽及交通运输设备、工程机械、节能环保装备制造、文化旅游和商贸物流基地，区域性的有色金属和生物医药、新材料、新能源、电子信息等战略性新兴产业基地。主要思路有以下几点。

——构建以长株潭为核心，以衡阳、岳阳、益阳、常德、娄底等重要节点城市为支撑，集约化、开放式、错位发展的空间开发格局。

——强化长株潭科技教育、文化创意、商贸物流等功能，推进传统产业的升级改造，增强产业集聚能力，辐射带动其他重要节点城市，建设全国重要的机车车辆、工程机械、新能源装备、文化产业基地，区域性的新材料、信息产业和有色金属基地。

——加强基础设施共建共享，以及产业合作和城市功能对接，推进长株潭一体化进程。提升长株潭核心带动能力，壮大其他主要节点城市的经济实力和人口规模，促进环长株潭城市群功能互补和联动发展。

——稳定农产品供给，调整农业产业结构，发展都市型农业和特色农业，建成优质高效的现代农业生产体系。

——保护好位于长株潭三市结合部的生态"绿心"，加强洞庭湖保护和湘江污染治理，构建以洞庭湖、湘江为主体的水生态系统。

（3）呼包鄂榆城市群

全国重要的能源、煤化工基地，农畜产品加工基地和稀土新材料产业基地，北方地区重要的冶金和装备制造业基地。主要思路有以下几点。

——构建以呼和浩特为中心，以包头、鄂尔多斯和榆林为支撑，以主要交通干线和内蒙古沿黄产业带为轴线的空间开发格局。

——增强呼和浩特的首府城市功能，建成民族特色鲜明的区域性中心城市。包头、鄂尔多斯、榆林应依托资源优势，促进特色优势产业升级，增强辐射带动能力。

——统筹煤炭开采、煤电、煤化工等产业的布局，促进产业互补和产业延伸，实现区域内产业错位发展。加快城市人口的集聚，促进呼包鄂榆区域一体化发展。

——加强农畜产品生产及其加工基地建设。

——加强节能减排、灌区节水改造，以及城市和工业节水，加强黄河水生态治理和草原生态系统保护，完善引黄灌区农田防护林网，构建沿黄河生态涵养带。

2. 城市带

以皖江城市带为例，该区域立足安徽，依托皖江，融入长三角，连接中西部，积极承接产业转移，不断探索科学发展新途径，努力构建区域分工合作、互动发展的新格局，加快建设长三角拓展发展空间的优选区，长江经济带协调发展的战略支点，引领中部地区崛起的重要增长极。主要思路有以下几点。

——合作发展的先行区。创新合作机制，深化与长三角分工合作，在设施对接、园区共建、信息互通等方面率先突破，在利益分配机制等方面先行探索，在更大范围内实现资源优化配置，加快与长三角一体化步伐，把示范区建成长三角产业拓展优选区，形成与长三角地区优势互补、分工合理、共同发展的产业格局。

——科学发展的试验区。探索产业承接与自主创新统筹发展新思路，推进承接产业创新提升，增强自主发展能力，提高资源节约集约利用水平。探索区域联动发展新机制，强化与长三角分工合作，实现优势互补。探索经济社会协调发展新途径，加快社会事业发展，推进基本公共服务均等化。探索城乡统筹发展新模式，缩小发展差距，推进城乡一体化。探索体制改革新举措，强化政策支持，促进产业有序转移。

——中部地区崛起的重要增长极。加快产业集聚，加速规模扩张，推进结构升级，不断增强综合经济实力，进一步提升发展水平和带动能力，使皖江城市带成为承接东部、辐射中西部的重要平台，推动中部地区加快崛起的重要引擎，促进区域协调发展的重要支撑。

——全国重要的先进制造业和现代服务业基地。积极承接产业转移，进一步做大做强优势产业，着力培育高技术产业，加快发展现代服务业，构建现代产业体系，发展壮大一批规模和水平居全国前列的产业集群，培育形成若干具有国际竞争力的行业龙头企业和世界知名品牌。

3. 城市圈

以武汉城市圈为例，该区域的功能定位是：全国资源节约型和环境友好型社会建设的示范区，全国重要的综合交通枢纽，科技教育及汽车、钢铁基地，区域性的信息产业、新材料、科技创新基地和物流中心。主要思路有以下几点。

——构建以武汉为核心，以长江沿线和沿京广线产业带为轴线，以周边其他城市为节点的空间开发格局。

——完善武汉中心城市功能，强化科技教育、商贸物流、先进制造和金融服务等功能，增强辐射带动能力，建设全国重要的科技教育中心、交通通信枢纽和区域性经济中心。

——培育黄石成为区域副中心城市，发展壮大黄冈、鄂州、孝感、咸宁、仙桃、潜江、天门等城市，增强要素集聚能力。

——优化农业区域布局，推进优势农产品产业带和特色农产品基地建设，发展农产品加工业，做大做强优势特色产业。

——加强长江、汉江和东湖、梁子湖、磁湖等重点水域的水资源保护，实施江湖连通生态修复工程，构建以长江、汉江和东湖为主体的水生态系统。

四、本章小结

从创建实践看，创新型城市在世界范围内尚处在探索之中。尤其创新型城市是一个复杂的系统，它包含着众多因素的创新与互动。而由于各国各城市的经济基础不同，历史文化各异，也需要根据自身实际，探索不同的创新型城市发展模式与建设道路。从理论研究看，国内外对创新型城市的研究兴起较晚也较快，但迄今尚处在起步阶段，尤其缺乏定量分析和理论模型，尚属理论上的前沿领域，有较大的创新空间等待着学者们去探索。尤其国内相关研究还不够深入、系统、成熟，构建具有中国特色的创新型城市的理论体系尚任重而道远。

第 2 章
我国城市创新的进展和突出问题

一、我国推进城市创新工作的进展

（一）城市创新试点工作的历程

城市创新在加快经济发展方式转变中发挥着核心带动作用，是建设创新型国家的重要支柱。科技部和发展改革委在试点建设方面，分别开展了很多探索性的工作。其目的是：充分发挥科技对经济社会的支撑引领作用，将自主创新贯彻到现代化建设的方方面面；通过局部试点，解决束缚自主创新的各种约束，探索不同区域、不同类型城市走创新发展道路的途径，推动部分有条件的城市率先实现创新驱动发展，为创新型国家目标实现奠定坚实的基础。2004 年 11 月，在科技部的支持下，我国第一个科技创新型城市试点——合肥国家科技创新型试点城市建设工作全面启动。多年来，围绕加快跨越式发展和现代化滨湖大城市建设的总目标，在体制机制创新、支持高新技术产业发展、加强科技服务平台建设、创新政策支撑体系等方面成果显著。

2006 年，国务院在其颁布实施的《国家中长期科学和技术发展规划纲要（2006—2012）》中，首次提出了建设创新型国家的重大战略决策。其中，提出的一个重要的优先发展领域就是推进全国城市化与城市发展，努力建设资源节约型城市和创新型城市。此后，围绕贯彻自主创新战略，国务院有关部门出台了 60 条配套政策和 77 项实施细则，各地方也纷纷出台政策措施，全国上下掀起了自主创新的热潮。在多项政策措施的综合作用下，我国自主创新能力显著增强，创新投入持续快速增长，创新产出规模快速扩大，许多重大创新成果不断涌现。尤其是自2006年全国科技大会召开后，有200多个城市提出了建设创新型城市的目标，部分城市制订了创新型城市建设规划；但由于各方面对创新型城市还缺乏统一、深入的认识，推进城市创新发展的思路尚不明晰，有效的政策手段也不多。

2008年，针对上述状况，发展改革委启动了深圳市创建国家创新型城市试点工作，让深圳先行先试，积累经验。深圳出台了许多促进创新的政策措施，创新环境进一步改善，自主创新对经济社会发展的支撑作用进一步增强，创新型城市建设初见成效。2010年1月，发展改革委发布了《关于推进国家创新型城市试点工作的通知》，决定在推进深圳市创建国家创新型城市试点工作的基础上，扩大试点范围，继续指导和推进一批城市开展创建国家创新型城市试点。随后，大连、青岛、厦门、沈阳、西安、广州、成都、南京、杭州、济南、合肥、郑州、长沙、苏州、无锡、烟台等16个城市，依据发展改革委提出的"加强创新组织管理，强化城市创新功能；健全区域创新体系，强化企业技术创新的主体地位；推进城市产业升级，优化区域产业结构；优化创新文化环境，促进创新产业发展"4项任务，积极开展各自的规划建设工作。至此，发展改革委批准推进的国家创新型城市试点共有17个，试点对象主要选择区域中心城市、产业发展有特点、区域位置重要的城市。

总之，发展改革委开展创新型城市试点的支持政策包括：设立创新型城市建设专项，支持创新型城市自主创新和产业结构升级；创业投资基金支持；优先在创新型城市布局国家工程研究中心、国家工程实验室、国家认定企业技术中心；优先安排国家高技术产业化重大项目；支持创新型城市先行先试相关优惠政策。

2010年1月，科技部在各省（区、市）人民政府申报推荐的基础上，根据基础良好、特色鲜明、示范性强、体现层次性等原则，确定了2010年首批20个国家创新型试点城市（区），并在随后召开的全国科技工作会议上为试点城市（区）授牌。科技部要求各试点城市（区）加强组织领导，并将推动试点作为部省会商优先议题，集成项目、基地、人才、政策等资源加强引导和支持。2010年4月，科技部印发了《关于进一步推进创新型城市试点工作的指导意见》，对"创新型城市"进行了正式界定——创新型城市是自主创新能力强、科技支撑引领作用突出、经济社会可持续发展水平高、区域辐射带动作用显著的城市。创新型城市试点工作应坚持"突出自主创新,坚持改革开放,强调各具特色,体现总体布局,加强协同支持"等基本原则,做好"确立城市创新发展战略,加快经济发展方式转变,促进经济社会协调可持续发展,大力增强企业自主创新能力,加强创新人才培养和创新基地建设,加强创新服务体系建设,营造激励创新的良好环境,推进体制改革和管理创新"8个方面的任务。同时,还研究制定了《创新型城市建设监测评价指标(试行)》,包括创新投入、企业创新、成果转化、高新技术产业、科技惠民、创新环境6个一级指标和25个具体监测指标,对试点城市开展监测评价,从而为城市创新发展提供了更加科学的决策参考和咨询意见。截至2018年年底,创新型试点城市已经达到78个,并取得了积极进展。

总之,科技部开展创新型城市试点的支持政策是把创新型城市建设作为省部会商优先议题,重点支持承担国家科技支撑计划项目、国家科技重大专项,支持国家工程技术研究中心、国家重点实验室、重大产业化基地等重大创新平台建设,优先支持体制机制创新等相关政策,营造良好创新环境,培养和引进优秀人才,加强国际科技合作等。

约有60%的城市提出了建设创新型城市的发展战略。据不完全统计,在全国地级以上城市(以下简称地级市)中,至少有173个城市根据国家制定的"自主创新、重点跨越、支撑发展、引领未来"的十六字方针,提出了建设创新型城市的发展战略、主要目标和重点领域,把创新驱动战略尤其是自主创新战略作为未来城市实现可持续发展的首要发展战略选择,占地级市数量的比重高达60.28%(表2.1)。

表2.1 我国创新型城市建设与试点活动情况统计

序号	城市创新活动名称	城市个数/个	占地级市数量比重/%
1	提出了创新型城市发展战略的城市	173	60.28
2	编制了《创新型城市建设规划》或创新型城市建设实施方案的城市	76	26.48
3	出台创新型城市建设相关政策措施的城市	158	55.05
4	成立创新型城市建设领导小组等机构的城市	83	28.92
5	出台了《科技进步法》相关配套政策的城市	140	48.78

续表

序号	城市创新活动名称	城市个数/个	占地级市数量比重/%
6	被列为发展改革委"国家创新型城市试点"的城市	17	5.92
7	被列为科技部"国家创新型城市试点"的城市	47	16.38
8	被列为"国家知识产权试点市"的城市	76	26.48
9	被评为"全国科技进步市"的城市	128	44.60
10	被评为"国家职业技术教育示范市"的城市	30	10.45

（二）试点城市创新发展的5种主要模式

创新型试点城市采取了许多创造性的方式方法，归纳起来，有以下5种模式。

1. 研发中心聚集模式

集聚国内外的科技资源在本地设立研发中心，是推动本地产业转型升级的必由之路。通过聚集研发中心，可以聚集人才、资金，可以借助外力培养本地的科技力量，实现全球科技资源的本地化。采用这种模式的城市大多是一些本地科技资源无法满足产业升级的城市，如常州、嘉兴。

常州市近年来所面临的主要问题是产业升级和转型，而本地所拥有的职业技术教育资源远远不能满足产业升级的需求。同时，中小企业虽然有对新技术的需求，但自身科技能力薄弱，很难开展创新，在科技信息、外部资源等方面也处于弱势。在这种困境中，政府开始发挥作用。政府通过各种方法、手段，引入了中国科学院、哈尔滨工业大学、西安交通大学等几十所科研院所和高校进入常州科教城。这些科研院所和高校进入常州后，逐渐融入当地的产业，在促进当地产业发展的同时，自身也获得了巨大的发展，不仅成为常州市产业升级强有力的支柱，对自身的科研方向、人才培养也起到了巨大的促进作用。例如，中科院物理所入住人数从最初的几个人已经发展到100多人。在这些院校的示范作用下，不断有更多的院校进驻常州。这些院校落户常州的主要原因有两点：一是常州的制造业基础很好，需求旺盛，可以很容易找到对接的企业；二是政府的效率很高，服务周到。

嘉兴自2003年以来，相继成功引进清华大学、中国科学院、北京大学、浙江大学、上海交通大学等40余家国内外知名高校、科研院所和世界500

强企业的研发机构，共建了包括浙江清华长三角研究院和浙江中科院应用技术研究院在内的创新载体123家，并先后与20多个国家开展科技交流合作，近2000家企业与国内外300多家高校、科研院所建立了各种形式的产学研合作关系。基本形成了以清华长三角研究院、中科院嘉兴中心为核心，软件园、芯片园、通信园、生物园、国际园、孵化园联动发展的"双核六园"格局。浙江清华长三角研究院依托清华大学的人才和技术，将科技研发与地方实际需求相结合，探索产学研结合的新途径、新形式，面向长三角地区的经济社会发展需求，在多个领域设立了重点实验室、工程研究中心和博士后流动站，建立了国际技术转移中心和继续教育基地，着力建设国内一流的科技创新、人才培养和高新技术产业化基地，取得了一系列突破性研发成果，并不断将科技成果结合地方需求进行应用性的科技攻关和推广转化。作为综合性的创新平台基地，浙江清华长三角研究院在平台建设、项目引进、人才集聚、技术研发、科技金融、战略研究咨询等多个领域成绩斐然，已成为嘉兴区域创新体系的重要组成部分。

广州积极探索国际科技合作机制，先后与伯明翰大学、乌克兰国家科学院等建立了高层次的合作委员会，与香港科技大学、香港生产力促进局、香港科技园等建立了战略合作关系，组建了中乌巴顿焊接研究院、伯明翰大学广州中心；建立了穗台科技合作交流服务中心和穗台新兴产业关键技术交流合作服务平台，与台湾工研院合作成立了广州物联网检测技术服务中心。

天津滨海新区积极接纳全球科技创新资源，探索新型创新模式和产业业态，试行外资企业申报科技计划项目，引导海内外优秀企业设立科技研发机构。滨海新区加强与国家各部委、国内大院大所、央企等的合作，投资超过10亿元建成国家超级计算中心、国际生物医药联合研究院、中科院天津工业生物研究所、天津大学滨海工业研究院等15家国家级重大技术创新平台。同时，积极打造天津未来科技城，制定《关于鼓励中央企业研发机构落户天津未来科技城的若干政策规定》《关于加快天津未来科技城建设和发展的配套措施》等，带动国家新药安全评价中心、中海油力神新能源研究院等16个国家重大项目落户滨海。

此外，南京市实施"高端研发机构集聚计划"，推动大企业、大院大所建立研究院；重庆市建立园区，鼓励本地大学科研机构建设自主创新研发机构。

洛阳大力支持伊滨区科技城建设，按照"高起点规划、高品位建设、高水平集聚"的原则，在新区拓展区开辟专用土地，以技术研发、科技孵化、产业示范、教育培训、科技商贸为发展方向，积极实施"引进大院名校，共建创新载体"的智力建设工程，引进或共享一批在业内有重要影响、具有科技研发行业前瞻力的资深科学家和掌握行业核心技术的研发领军人才，培养一批精通研发技能、掌握关键技术的科研骨干，形成一批结构合理的研发团队，推动科研人才资源集聚。

2. 产业集群推进模式

从产业集群发展思路，通过对优势产业发展环境的优化，推进产业集群，增强竞争优势，进一步强化"护城河"，如宝鸡的"宝鸡中国钛谷"、景德镇的陶瓷产业。产业集群模式不是面面俱到，而是找准城市的优势，抓住发展的重点，突出一点，带动全面升级，在城市创新网络中建立自己的优势。

景德镇围绕陶瓷产业推进产业集群，一是发展高技术陶瓷产业，做强陶瓷产业；二是以构建江西景德镇陶瓷工业园区为龙头，整合新都民营陶瓷园、三龙乡建筑陶瓷生产区；三是依托景德镇陶瓷学院等大专院校、国家日用及建筑陶瓷工程技术研究中心及各级陶瓷研究所等机构，打造以高技术陶瓷为主体的"大陶瓷"产业格局；四是发展陶瓷文化创意产业，打造创意之都。

宝鸡市按照"龙头企业带动、配套企业跟进、产业集群发展"的思路，延伸产业链条，形成大企业、大集团居中，配套企业围绕的产业体系。目前，已经形成石油钻采装备、高速铁路装备、机床工具制造、钛及钛合金等几大产业。钛及钛合金产业集群已形成以宝钛集团为龙头，以钛为主，以锆、钨、钼等稀有金属及其合金深加工为主体的新材料产业集群，市内配套企业达到385家；汽车及零部件产业集群除了3家整车生产企业、3家汽车改装企业外，规模以上零部件生产企业达到23家。

海淀区产业集群的发展体现了产业高度分工后服务业发展的集群模式。一是科技金融和科技中介机构聚集。目前海淀区各类金融机构及其分支机构达到1800家，股权投资机构总数达到460家，其中，中关村PE大厦聚集了133家知名股权投资机构，管理资金总规模超过500亿元，为海淀区科技金融业的繁荣奠定了基础；产业联盟、行业协会47家，占中关村地区总数的87%，信用评级、法律、财务、认证等专业服务机构达到六大类320家，并以中关村西区为核心，实现了普华永道会计师事务所、中国技术交易所等一批知名科技中介服务机构的聚集，高端创新要素聚集发展态势进一步凸显。二是一批专业化特色明显的特专精新园区兴起建设，如移动互联网和下一代互联网、导航与位置服务、生物新医药等产业基地。三是一些特色街区和新业态出现,如图书城文化休闲特色街区及整合资源、引领需求的中关村国际设计中心等。

3. 错位竞争模式

在创新网络中找到自身有优势的位置,错位竞争,避免资源浪费,事倍功半。这就要求城市的管理者要开动脑筋,在产业选择方面多下功夫,尽量避免与其他城市特别是周边城市在产业环节选择上"撞车"。在长三角地区各大城市对人才、技术的激烈竞争中,面对新材料产业的巨大机遇,苏南地区的常州、镇江等几个城市选择了不同的产业环节,集中精力发展。常州市瞄准石墨烯环节,集聚资金、技术等资源,组建了石墨烯研究院;镇江聚焦于纳米材料产业化、碳纤维产业;江阴聚焦于己内酰胺等化工产业,组建千亿元化工产业集群。

4. 创业扶持与中小企业成长支持模式

鼓励创业、支持创业是创新型试点城市建设的重要内涵和标志之一,因为一个城市的创业情况反映了这个城市的体制机制是否具有活力。鼓励创业、激发创业热情,可以最大限度地释放本地创新资源,引进外部创新资源,在未知的领域创造若干新的产业。有创造力的高新技术领域与传统产业的最大区别就是事先很难规划和预知,如硅谷的发展就不是规划出来的,而是千千万万来自于全世界的创业者经过无数的失败与成功创造出来的。在创新型试点城市中,许多城市围绕创业做文章,激发城市创新创业的活力。

2012年,为了释放南京丰富的人才活力和科技生产力,南京市出台了"科技九条",具有很强的针对性、前瞻性和突破性,在科教人才管理、科技创新保护和科技创业鼓励扶持等方面都有较大的突破。按照"非禁即可、非限即许"和"允许失误、宽容失败"的原则,解放思想,敢闯敢冒,以制度创新的超常规力度,以紫金创业特别社区为依托,规划推动科技园区的超常规发展。全市有20家共28处地块总计45.8平方千米的紫金科技创业特别社区选址方案已经市政府正式批复,2011年有13家紫金科技创业特别社区挂牌、动工开建。截至2012年年底,全市特区累计投入资金126亿元,开工建设和改造载体面积545万平方米,建成面积278万平方米,已聚集科技型企业近900家。为鼓励大学生创业,南京市还出台了"创业七策"。从2011年至2012年年底,全市已有240位高校教师走出校门创业,2083名大学生正在创业园里为创业梦想而打拼。

成都市本级设立了20亿元的创业投资引导资金、2亿元创业投资风险补偿资金和 3 亿元创新创业种子资金,成立成都银行科技支行,开展知识产权质押融资、科技保险等,引导社会资本投入科技创新。同时,发挥市创业投资引导基金作用,引导社保基金、保险资金及各类母基金组建专业化子基金,参与科技型企业股权投资。鼓励创业投资机构落户,对投资初创期和成长期企业的创业投资机构发生投资损失的,按实际投资损失的一定比例给予最高 300 万元的风险补助。鼓励成都银行、成都农商银行进一步拓展有利于支持科技型企业发展的业务模式,探索完善有利于科技银行业务发展的考核激励制度和风险管控机制。市、区(市)县两级金融发展资金给予一定额度的风险补助。

在创新体系中,中小企业最具活力,但中小企业也最需要政府的支持,对政策环境最为依赖。宁波、嘉兴、镇江等许多创新型城市将民营企业作为创新型城市建设的基石和支柱,建立技术研究院、研发园、创新平台、产学研联盟,通过金融支持,引导民间资本向高新技术产业投入。在支持中小企业的发展中,政府着重环境的建设,努力降低创新成本。发挥企业的自主性,遵循市场规律,不干预企业的技术选择。

天津通过实施"科技小巨人成长计划"支持中小企业发展壮大,按照"精确制导、一企一策"的原则,建立完善扶持科技型中小企业发展的服务和助推体系。每年筛选 300 家科技型企业进行重点扶持。

洛阳实施"小巨人"企业培育工程,力争到 2015 年年底,培育 100 家以上销售收入超过 5 亿元、拥有核心技术、创新能力强、产品具有良好的市场潜力、产权明晰、管理规范的"小巨人"企业。建立政府部门和金融机构的定期会商制度,专题讨论企业融资难的问题。大力推进政府"承诺式"服务工程,凡是与民营经济发展有关的职能部门,均需公开服务承诺。

贵阳以科技与金融结合为抓手,破解科技型中小微企业融资难题。在全省率先设立贵阳市科技创业投资引导基金,引入民间资本共同成立了数家创业投资基金;依托省市共建的省科技风险投资公司,与地方政府合作成立了数家风险投资机构。加快组建科技担保公司、科技小额贷款公司科技信贷专营和配套机构。实现了以少量财政科技投入引导和带动大量金融资本、民间资本进入实体经济并支持科技型中小微企业发展的目标,初步形成了政府、企业和金融机构"共舞多赢"的格局。

5. 项目(团队)带动模式

在创新经济中,引进一个创新团队,可以创立和带动一个产业发展。创新团队的引进还可以发挥"鲶鱼效应",刺激与推动本地科技资源活力的释放。创新型试点城市实施了许多很好的方式方法,引进人才,激发人才的创新潜能。

贵阳采取了"大项目—产业链—产业群—产业基地"的方式进行发展,着眼于通过项目引进推动产业发展。杨浦积极建设海外人才基地,设3亿元基金吸引海外人才。重庆实施"项目+人才"计划,破解户口等限制。常州启动实施"龙城英才计划",全年引进250个领军人才创新创业团队、30多名国家"千人计划"专家签约来常州创新创业。武汉放大人才"森林效应",不到2年时间吸引了包括8位院士在内的14个海内外团队入驻。嘉兴不断创新人才引进方式方法,自2010年实施"创新嘉兴·精英引领计划"以来,不断加大高素质人才引进和培养工作力度,至2011年全市财政共安排资金3.28亿元,引进、扶持和培育了182个科技领军人才项目和128个科技、企业创新团队,其中2011年引进培育了科技领军人才项目104个,科技和企业创新团队39个。

二、城市创新的现状特征

（一）创新驱动成为创新型试点城市的主导战略

改革开放以来,国内外经济形势发生了巨大的变化,依靠传统方式推动经济发展已经难以为继,扩大内需、促进经济结构转型升级是我国现阶段面临的突出矛盾和困难。目前,科技部试点推进的47个创新型试点城市（区）几乎都分布在我国重要的战略区域中,并在这些区域中发挥着核心支撑作用。例如,长三角区域中的杨浦、南京、常州、宁波、嘉兴、连云港;珠江三角洲的广州;海南国际旅游岛的海口;海峡西岸经济区的福州、厦门;关中—天水经济区中的西安、宝鸡;京津冀都市圈中的海淀、滨海新区、唐山、石家庄、秦皇岛;东北老工业基地的沈阳、大连、长春、哈尔滨;成渝经济区的成都、沙坪坝;中部地区的武汉、太原、合肥、景德镇、南昌、洛阳、长沙;西部地区的兰州、南宁、昆明、贵阳、银川、西宁、石河子、昌吉等。可以说,这些创新型试点城市经济结构的成功转型,必将对区域经济全面转型、我国经济的转型升级、提高我国创新能力发挥重要的引领作用。

我们注意到,约25%的城市编制并实施了创新型城市建设总体规划。在制定城市发展规划特别是在编制"十二五"发展规划中，以及在城市发展战略的选择中，每个城市都把创新、转型作为城市未来发展的主导战略，以建设创新型城市为目标，在创新载体、科技成果转化、产业布局、企业创新、创新环境、人才建设、空间布局、城市管理、文化教育等方面进行全面部署，集聚创新资源，优化创新环境，不遗余力地全面推进创新型城市建设，为区域经济发展树立了标杆。

（二）各具特色的城市创新发展模式正在形成

中国国土面积广大，地域差别巨大，内陆的31个省（区、市）、660多个城市（包括县级市）的经济发展阶段、水平、类型非常复杂，科技部试点推进的47个创新型试点城市都是区域经济中的典型代表，各具特色。这些试点城市在创新型城市方面的建设经验必将对我国创新型国家建设及其他城市的发展起到示范带动作用。

以沈阳、哈尔滨、长春、唐山、太原、兰州、包头、呼和浩特等为代表的老工业城市和资源性城市，立足于装备制造、化工、汽车、煤炭、钢铁等传统优势产业，不断加大科技投入，在延长产业链、加快产业技术进步等方面取得明显进展。这些城市通过强化节能减排技术支撑和先进适用技术推广，提高城市资源利用效率和循环经济发展水平；同时，还大力培育和发展新兴产业，营造创新创业环境，推动产业结构调整和产业升级。

以宁波、常州、嘉兴、连云港、秦皇岛、厦门、镇江为代表的大中型城市，地处经济发达的东部沿海地区，民营经济活跃，块状经济特色突出，在开展引进外部科技资源、加强产学研合作等方面的工作也是有声有色。这些城市以开放式创新为理念，大胆创新，构筑创新平台，优化融资环境，改善服务质量，不断满足中小企业创新工作的具体需求。

以景德镇、洛阳、宝鸡、吉昌、西宁、海口、银川为代表的城市，特色产业突出。这些城市聚焦特色优势产业发展，挖掘科技文化积淀，致力于创建城市品牌。通过促进产业集群，加快技术创新和产业升级；通过发展科技服务业，推动创意、设计、研发等产业链高端的发展。

以合肥、南京、武汉、西安、广州、大连、石家庄、南昌、济南、成都、福州、贵阳、南宁为代表的中心城市，科技资源密集，代表着一个区域发展的方向。这些城市并不故步自封，而是不断加大改革力度，在科技体制改革方面先行一步，做出了表率。在重大科技项目的设立、研发等方面，发挥科技资源密集的优势，加强与周边地区的密切合作，促进跨区域科技资源统筹，充分发挥中心城市、科技园区的辐射带动作用，吸引创新资源向城市集聚。这些城市聚集科技资源，立足科技前沿，推动科技成果转化，极力将科技优势转化为经济优势，推动"智慧城市"建设。

在47个试点城市中，还有杨浦、海淀、滨海新区、沙坪坝4个城区，这4个城区不仅在其所在城市，即使在全国，其创新能力也处于明显的优势地位。这些地区敢于探索，视野开阔，在科技金融、科技管理体制等方面的创新引领着全国发展。这些地区还发挥科教资源密集的优势，对接国家创新战略，不断提升产业能级，打造人才高地，带动整个城市功能的优化与升级。

（三）城市创新能力得到快速提高

创新型城市试点推动以来，通过政策环境优化，使城市创新能力得到迅速提高。根据2012年创新型城市建设监测评价结果表明，在创新投入、企业创新、成果转化、高新产业、科技惠民、创新环境等方面，创新型试点城市均获得很大进步。以城市创新投入为例，近年来城市研发投入比重逐渐提高，各类专项创新基金陆续设立。据统计，2010年全国地级市研发投入占GDP的比重平均达到0.92%左右，较5年前的研发投入比重提高了0.3个百分点，许多城市实现了国家级实验室、研发中心零的突破；不少城市还设立了各类创新基金，加大创新投入。

（四）城市创新环境不断优化

实践中，各城市都充分发挥政府的规划引导和协调监督作用，普遍组建了一系列由政府市长任领导小组组长的创新领导小组等机构；同时，完善而健全的政策体系是推进创新型城市建设的重要前提，各城市都纷纷加大政策推陈出新的力度，制定了一系列创新扶持政策，深入推进财税、投融资等重点领域改革，建立了创新评估考核机制，大力推进创新型城市建设。

例如，科技部推进的47个创新型试点城市都把优化城市创新环境作为重点工作，在实践中敢想敢干，不断探索，极大地丰富了创新政策体系的内涵，提升了科技工作的显示度，主要表现在以下几个方面：一是不断探索建设科技金融服务体系。例如，杨浦区立足于上海国际金融服务中心体系建设，不断完善科技金融服务体系；镇江市积极探索知识产权质押融资途径。二是各试点城市在市委、市政府的大力支持下，在相关部门的大力配合下，积极落实自主创新税收优惠政策，有力支持了创新活动的开展。例如，成都市减免税额达到3.9亿元，落实研发经费加计扣除优惠政策税额2.7亿元。三是秉承开放创新的理念，各试点城市积极开展国内外科技合作。例如，厦门积极引进高水平大学、科研机构，目前已经投资和意向投资在厦门建立研发机构的金额达到47.5亿元。四是大胆创新，把握地方创新活动的实践情况，推出有特色的创新政策。例如，成都市组建成都技术转移（集团）公司；武汉市积极推动东湖国家自主创新示范区股权激励和科技成果转化奖励试点；镇江市推出"331"行动计划，大力引进海内外领军人才和团队，反响强烈。许多城市还探索产业（技术）研究院建设模式，探索完善与高校、科研院所的合作机制。

三、我国城市创新中的主要问题

在结合我国城市（群）创新发展的形势，科学把握城市未来的发展趋势，综述新型城市化与创新驱动战略的国家背景下，当前我国在推动城市创新方面存在的不足和城市创新面临的挑战主要表现在以下几个方面。

（一）我国创新型城市建设尚处在初级阶段

2009年全国人均GDP超过1万美元的城市只有22个，2011年超过1万美元的城市虽然增加到42个，但占全国地级市的比重仍只有14.63%。这42个城市中，有15个城市为资源富集型工矿城市，城市经济总量的增加主要依靠资源要素驱动，而非创新驱动。此外，2010年我国城市全社会R&D投入占GDP比重超过5%的城市只有3个，分别是绵阳6.66%、西安6.06%、北京5.45%，占全国地级市的比重只有1.05%；而全社会R&D投入占GDP比重在2%～5%的城市不足30个，只占城市总数的10.64%，约64.45%的地级市全社会R&D投入占GDP比重低于1%。企业研发投入占销售收入的比重超过5%的城市只有6个；新产品销售收入占产品销售收入的比重超过10%的城市也只有24个。总之，由此基本可以判断我国创新型城市建设尚处在初级阶段。

（二）城市以企业为主体的技术创新能力较弱

高新技术企业和创新型企业是支撑创新型城市建设的重要微观载体。我国城市总体上是以外向型为主导的经济结构，创新收益的不确定性进一步削弱了企业的创新动力，多数企业更愿意通过"使用技术"来追求"短平快"项目，而不愿对自身的创新能力进行长期投资。此外，系统配套的人才政策的缺失，加速了创新人才向政府、高等院校、科研院所及垄断性国有企业的流入，影响了竞争领域企业乃至产业创新的发展。目前，我国绝大多数中小企业和70%以上的大中型企业没有独立技术开发机构，以企业为主体的技术创新体系非常薄弱。

（三）城市间的产学研合作层次与科技成果转化能力较低

我国企业的自主创新能力总体水平不高，在一定程度上制约了科研成果的转化与利用。尽管我国技术发明和软件著作权的申请量在全世界增长最快，但在技术成果转化及产业化、商业化应用方面，与欧美发达国家相比还有很大差距。当前，我国产学研合作的层次仍然较低，主要表现在技术转让、合作开发和委托开发等浅层次的合作上，而共建研发机构、共建技工贸一体化的经济实体等深层次的合作还较少；与此同时，在利用国内其他地区及国外的外源性创新成果方面渠道不畅，进一步制约了对国内外科教资源的开发利用。总体来看，在高新技术企业方面缺乏民族产业，民营、国有企业在国际上叫得响的大品牌比例很低，创新型城市建设存在微观主体创新活力和创新品牌的双重缺失。

（四）科技服务体系尚处于向市场化和规范化发展的起步阶段

我国城市大部分科技服务机构由于市场定位不明确和非专业化，造成了市场需求和服务供给不匹配等问题，与服务产业化、功能社会化的发展目标有较大距离。大部分城市公共信息平台的基础设施建设还较落后，远不能满足科技服务的发展要求；公共信息资源也难以做到真正共享，获取信息、处理信息的能力较低和成本过高，信息的及时性、准确性和完整性都无法得到有效保证。

（五）创新型城市应当加强整体性系统性的改革思路设计

树立以创新为导向的经济建设目标，推进创新型城市建设，已经成为许多地方政府的共识。但是，在实施过程中，由于短期利益等问题，建设创新型城市经常偏重于项目、资金、技术的引进，而缺乏对体制机制的整体设计和完善。

第3章
我国城市科技资源的配置与布局

随着知识经济的发展和全球科技化的到来，科技创新已经成为衡量一个国家和地区核心竞争力的关键因素。而作为科技创新活动物质基础的科技资源，其投入的数量与质量是构成一个国家或地区创新能力的重要基础。科技资源要素的优化配置对于合理分配科技资源，盘活科技资源存量，提高社会经济发展速度、质量和效益具有重要意义。当前，国内对科技资源配置的研究主要集中在定性分析区域科技资源体系内涵、配置机制与能力，以及制度影响因素等方面。定量研究也主要是强调区域整体的投入和产出，从不同角度构建科技资源配置指标体系，运用不同的方法评价省级层面或某一特定区域的科技资源配置效率。基于省级层面的研究，虽可以较好地展现区域科技资源配置效率发展大格局，但却忽略了省内区域科技资源配置效率的非均质性；基于特殊区域的研究，又难以从全国层面展现不同省域科技资源配置效率的差异。因此，往往存在省级层面分析单元过大，特殊区域研究又不具有普遍性的弊端。在知识经济大潮下，城市作为产业和人口集聚的主要载体，是科技资源的主要集聚地，城市的全球化与智慧化正成为城市共同经历的过程，城市作为国家创新系统的主体，其地位也日益突出。了解当前我国城市科技资源配置现状，在此基础上优化城市科技资源配置结构，对于推动城市科技创新，提升国家创新能力意义重大。本章以全国288个地级市为研究对象，选择7项科技资源配置指标，对我国城市科技资源配置现状进行分析，并在此基础上对其经济发展水平和城市化水平进行了相关性分析，以期为行政区经济体制下中国科技资源的可持续利用和以科技创新推动城市发展提供合理化的建议。

一、我国城市科技资源配置现状

(一) 指标选择依据与数据来源

科技资源配置一般是指科技投入和产出要素的总和。因此，本书拟主要从科技投入和产出的角度出发考虑科技资源配置。遵循科学性、系统性、可比性、可获得性的原则，本书选择7项指标来进行评价，如表3.1所示。科技投入主要包括科技人力、财力、物力、信息等资源要素的配置等，其中，人力资源是科技资源中最具能动性的资源要素；科学研究、技术服务从业人员数则反映了区域对人才的吸引能力，是区域能够进行持续创新的本质所在；科技财力资源是区域开展科技活动的基础；财政科学支出强度是表征区域对科技活动的支持程度与衡量区域科技能力的重要标准；良好的科技信息资源是科技活动得以按照预定目标顺利展开的基本保障与有力支撑；而国际互联网用户数可以较好地反映区域科技信息资源的发展程度。在科技资源产出方面，选择万人专利申请量和万人专利授权量作为衡量科技资源输出的指标。以上7项指标数据均来源于《中国城市统计年鉴2013》。边界数据来源于国家基础信息中心1∶400万数据库。

表3.1 科技资源配置指标

一级指标	序号	二级指标	单位
科技投入	1	科学研究、技术服务从业人员数	万人
	2	人均教育经费支出	元/人
	3	人均财政科技支持	元/人
	4	高等教育学校数	个
	5	万人互联网用户数	户
科技产出	6	万人专利申请量	项
	7	万人专利授权量	项

(二) 城市样本选择范围

基于研究的科学性和数据的可获得性，本部分选择288个地级市作为研究对象，其中有 23 个省会城市，4 个直辖市（北京、天津、上海、重庆），5 个计划单列市（大连、青岛、宁波、厦门、深圳）。

（三）创新资源配置结果分析

1. 科技从业人员数

科技人力资源是指实际从事或有潜力从事系统性科学技术知识的产生、促进、传播和应用活动的各种人力资源，是所有科技资源要素中最具创造性的资源，是城市经济社会发展的动力，其规模、结构和分布反映了科研活动的大小。一般包括科技活动人员数、专业技术人员数、R&D人员数、农业工业领域科技人员总量、政府部门和企业引进人才数量、企业技术开发人员占企业人数的比例等指标。本部分以科技从业人员数作为指标进行分析，主要结论如下。

一是我国城市科技从业人员数普遍偏低。2012 年，我国城市科技从业人员数占总从业人员数的比重最高为 8.91%，不足 10%。高于 5% 的只有北京市、大庆市、西安市、绵阳市、兰州市 5 个城市，为 288 个地级市中的极少部分。以上结论在一定程度上表明，我国城市科技人才普遍缺乏，科技人才对经济发展的支撑严重不足。以北京市为例，2008 年，北京市高技能人才占技能劳动者比例为 21.8%，而发达国家该比例一般达到 30%[①]。二是区域中心城市科技从业人员数较高。2012 年，科技从业人员数在 4.99% 水平以上的城市中，区域性中心城市包括北京、天津、石家庄、西安、兰州、哈尔滨、南京、杭州、合肥、洛阳、武汉、长沙、广州、南宁、重庆、成都、昆明、大连、青岛、深圳、厦门等 21 个城市。这些城市包括部分省会城市、直辖市和计划单列市，为我国的区域性中心城市。受历史、区位、经济、产业基础等因素的影响，这些中心城市往往聚集了大量的高校和科研院所，是高科技产品的研发与试验基地，促使科技人员大量集聚。此外，良好的城市发展环境也是吸引科技人员聚集的重要因素。三是东、中、西部科技从业人员差距较大。2012 年，我国东、中、西部地区科技从业人员数占总从业人员数的比重分别为 2.24%、2.09% 和 1.78%，西部地区科技从业人员比重偏低。长期以来，西部地区由于在生态环境、城市公共服务配套、就业环境等方面的基础较差，难以吸引科技人员就业，甚至还造成一些科技人员向东部地区转移的倾向。

---

① http://roll.sohu.com/20110512/n307394963.shtml.

2. 教育经费支出

教育经费的支出水平能反映一个城市对教育的重视程度。人均教育经费支出是衡量教育经费水平的基本指标，最能反映各地的教育投资差异。地区经济差异表明，经济社会发展水平越高的地区，人均教育经费越高，反之越低。对我国288个地级市的人均教育经费支出进行分析，主要结论如下。

一是我国城市人均教育经费普遍不高。人均教育经费支出在1223.51元水平以上（较高水平）的城市仅包括北京、上海、苏州、厦门、深圳、广州、珠海、佛山、东莞、中山、克拉玛依、呼伦贝尔、乌兰察布、拉萨14个城市，仅占288个地级市数量的4.86%，表明我国财政对教育经费投入的重视程度不够。

二是区域差异巨大。从全国范围内来看，人均教育经费支出在570.79～1223.50元的城市有99个，主要分布在天津、河北、辽宁、山东、江苏、浙江、安徽等东部沿海地区。此外，还包括西安、太原、郑州、武汉、长沙等区域性中心城市。值得注意的是，甘肃省作为一个经济落后的省份，其省内各个城市的人均教育经费支出却高于一些经济相对较好的中部和西部省份。近年来，中央政府和省级针对西部地区，特别是经济落后的省份开展教育经费转移支付，西部一些地区的教育经费投入和使用都有了大幅增加。

3. 区域财政科技投入

科技财力资源是区域开展科技活动的基础；财政科技支出强度是表征区域对科技活动的支持程度与衡量区域科技能力的重要标准。通过对288个地级市的人均财政科技支出进行分析，得出以下结论：我国城市平均财政科技支出水平较低，其中东部沿海地区人均财政科技支出水平较高，中西部地区的人均财政科技支出与东部差距较大。据统计，2012年我国人均财政科技支出最高的城市为北京市（912.18元）。人均财政科技支出在361.51～912.17元的城市有上海市、苏州市、厦门市、东莞市。人均财政科技支出在131.50～361.50元的城市包括乌兰察布市、沈阳市、大连市、南京市、无锡市、常州市、杭州市、宁波市、嘉兴市、绍兴市、舟山市、芜湖市、青岛市、威海市、长沙市、广州市、珠海市、佛山市、中山市、沈阳市和大连市共21个城市，这些城市的人均财政科技支出水平相对于全国其他城市处于中上水平，主要分布于我国东部沿海地带的京津冀、长三角和珠三角地区，其数量仅占全国288个地级市的9.0%。这些城市均为我国经济较为发达的地区，财政实力雄厚，对科技支撑经济发展的重视程度也较高，所以人均财政科技支出水平较高。人均财政科技支出水平在0～36.41元这个最低水平上的城市数量为220个，占288个地级市的比重达76.39%。这些城市大多连片分布于我国的中部和西部地区。统计数据显示，2012年，我国东、中、西部地区人均财政科技支出分别为425.6元、36.7元和13.4元，中西部人均财政科技支出差距极为明显。改革开放以来，我国东部沿海地带在政府与市场的共同作用下经济得以快速发展，政府的公共财政支出能力也较强，可为地方科技创新提供强大的财力支撑，以科技创新推动地区经济快速发展。中西部地区由于长期以来在政策和资源禀赋上与东部地区的差异较大，政府财政支出能力较差，其往往在科技投入方面的能力也较弱。

4. 高等教育机构数量

高等教育资源主要集中于省级中心城市，区域间发展非常不均衡。统计结果显示，高等教育机构数在61～91个的城市分别为北京市（91个）、武汉市（79个）、广州市（80个）、重庆市（60个）和西安市（62个）。高等教育机构数在32～60个的城市分别为天津、石家庄、太原、沈阳、长春、哈尔滨、南京、杭州、合肥、福州、南昌、郑州、长沙、重庆、成都、昆明等省会城市。高等教育机构数在14～31个的城市分别为保定、呼和浩特、大连、苏州、福州、厦门、泉州、青岛、南宁、贵阳、兰州、乌鲁木齐。高等教育机构数小于14个的城市主要为这些中心城市之外的其他地级市，占我国地级市的绝大多数。表明我国高等教育资源主要集中于省级中心城市，地级市高等教育机构数地区间发展不平衡。我国大多数省级中心城市既是行政中心又是经济中心，也是区域高等教育机构较为集中的地方。2012年，我国30多个省会城市和直辖市中的高等教育机构数占全国高等教育机构总数的65.4%。不少中小城市及西部一些经济不发达的地级市，人口相对密集，经济发展潜力较大，但高等教育机构数量极少，甚至一些地级市连一所普通高等学校也没有，如内蒙古自治区包头市、辽宁省鞍山市、抚顺市、本溪市、辽阳市、黑龙江省齐齐哈尔市、鹤岗市、伊春市、江苏省徐州市、河北省张家口市、山西省大同市、安徽省淮南市、淮北市等，这些地级城市的高等教育机构数偏少，与其人口规模、经济发展水平不相适应。

5. 互联网普及程度

良好的科技信息资源是科技活动得以按照预定目标顺利展开的基本保障

与有力支撑。一方面，城市的信息基础设施建设可以使政府、企业、高等院校及科研院所等创新主体之间的信息交流更为广泛；另一方面，随着互联网时代城市与居民越来越密切的关系，城市的公共管理互联网应用更加频繁，可以极大地方便城市居民的生活，而国际互联网用户数可以较好地反映区域科技信息资源的发展程度。

研究统计发现，互联网普及程度较高的城市主要集聚于东部沿海地带，尤其是长三角、珠三角一带国际互联网用户数较多，东中西部信息化水平差异较大。据2012年万人国际互联网用户数的统计分析得知：深圳市的万人国际互联网用户数最高，其次是北京、厦门、莆田、潍坊、广州、珠海、佛山、中山、南宁、德阳，这些城市中的大部分位于珠江三角洲地区。此外，北京、天津、山东沿海一带城市（如大连、济南、青岛、威海）、长江三角洲城市群（如上海、南京、无锡、常州、苏州、镇江、杭州、宁波、温州、嘉兴、湖州、绍兴、金华、台州、舟山、抚州、泉州）的国际互联网用户数也较其他城市水平较高。而万人国际互联网用户数小于0.2（处于中小水平）的城市大部分位于河北、山西、内蒙古、辽宁、吉林、黑龙江、江苏、安徽、福建、江西、山东、河南、湖北、湖南、重庆、广西、四川、云南、山西、甘肃、贵州、宁夏等中西部地区。这些地区城市的数量占到2/3以上，其信息化状况从总体上反映了我国处于"发展中国家"的水平。此外，信息化水平最高的深圳、北京、上海与较低的贵州、青海、西藏等地的信息鸿沟异常巨大，各个地区的信息化水平差异明显，这不利于实现全国信息化和区域经济的协调发展。

城市信息化水平的高低受地理区位、经济基础、开放程度、政策等因素的影响。东部沿海城市地理位置优越，交通发达，经济基础较好，对外开放程度较内陆地区大，可以直接吸引外国投资，引进先进的信息技术，因而信息化水平较高。中西部内陆地区交通相对闭塞，加之国家对其信息化发展缺乏足够重视，因此，这个区域的城市信息化水平跟不上时代前进的步伐。信息基础设施建设具有技术含量高、投资预期回报高、服务覆盖面大的特点，且具有广泛的外溢性，有利于增强人们交流知识的能力，降低社会流通与交易的成本。政府应该加大对中西部地区信息基础设施的投资力度。

6. 专利产出

专利产出是反映城市科技产出能力的重要指标，是城市科技发展水平的重要标志之一，一般包括专利申请和授权两个方面。

通过研究发现，我国专利产出空间分布具有沿海性特点。专利申请和授权水平较高的城市主要集聚于长三角和珠三角的部分中心。广大中西部地区的城市专利申请和授权量普遍较低，地区间专利申请量分布极不均衡，区域差异明显。2012年，万人专利申请量和专利授权量处于最高水平的为无锡、苏州、宁波、东莞、中山5个城市；处于较高水平的为北京、天津、上海、南京、常州、南通、镇江、泰州、杭州、嘉兴、湖州、绍兴、金华、芜湖、厦门、济南、东莞、广州、珠海、成都等城市。这些城市绝大部分集聚于我国的长三角和珠三角地区，城市区位优越，市场经济活跃程度较高，具有较为浓厚的创新氛围，专利的申请量和授权量较高。万人专利申请量和授权量处于中下水平的城市主要分布于广大中西部地区（除这些地区的中心城市外），如黑龙江、吉林、内蒙古、山西、安徽、湖北、湖南、广西、江西、云南、河南、四川、陕西、甘肃、青海、宁夏、西藏等中西部地区，以西部地区的城市居多。我国广大的中西部地区，特别是除中心城市之外的地级市，市场经济不活跃，创新意识不强，专利的申请量和授权量也较低。2012年，我国东、中、西部万人专利申请量分别为17.04件、7.89件和5.47件，万人专利授权量分别为26.87件、10.23件和2.90件，中西部与东部差距极为明显。

二、我国城市科技资源综合配置能力

为了更深入地了解全国城市科技资源配置能力的分布情况，本部分对全国288个地级市2012年的上述7项科技资源配置指标进行因子分析，得出每个地级市的科技资源配置综合指数值。首先，根据测算结果，抽取了288个地级市科技资源配置综合指数排前20位和后20位的城市（表3.2），处于前20位的分别是北京、天津、上海、南京、无锡、常州、苏州、杭州、宁波、厦门、济南、武汉、广州、深圳、珠海、东莞、中山等城市。这些城市呈集聚状分布于我国的京津冀、长三角和珠三角地区。这些地区经济发达，科技资源要素集聚优势明显。科技资源配置综合指数值处于后20位的城市分别为徐州、包头、乌海、通辽、鄂尔多斯、松原、双鸭山、日照、漯河、荆门、嘉峪关、金昌等城市，其科技资源配置综合指数值均为负值，属于科技资源配置基础和能力薄弱区。这些城市大都分布于我国的西部边远地区，经济社会发展落后，科技资源配置处于劣势地位。

表3.2　全国288个地级市中科技资源配置综合指数值排名

前20位		后20位	
名称	综合指数值	名称	综合指数值
北京市	2.41	双鸭山市	-0.59
深圳市	2.21	鄂尔多斯	-0.50
苏州市	2.02	松原市	-0.49
上海市	1.87	漯河市	-0.49
杭州市	1.61	茂名市	-0.49
广州市	1.47	内江市	-0.49
宁波市	1.41	金昌市	-0.45
常州市	1.38	汕尾市	-0.44
无锡市	1.32	沧州市	-0.44
中山市	1.25	乌海市	-0.43
南京市	1.21	通辽市	-0.43
珠海市	1.08	眉山市	-0.43
东莞市	1.05	资阳市	-0.43
武汉市	0.97	嘉峪关市	-0.42
厦门市	0.96	日照市	-0.42
天津市	0.93	湛江市	-0.42
拉萨市	0.91	荆门市	-0.42
成都市	0.85	揭阳市	-0.41
西安市	0.85	益阳市	-0.40
济南市	0.82	包头市	-0.40

为更进一步了解全国科技资源布局情况，采用聚类分析法将288个地级市的科技资源配置综合指数值分为5类：科技资源配置高水平区、科技资源配置较高水平区、科技资源配置中等水平区、科技资源配置较低水平区和科技资源配置低水平区，结果如表3.3所示。

表3.3　2012年全国288个地级市科技资源配置的综合指数值聚类分析结果

类别	数量/个	城市名称
科技资源配置高水平区（1.8以上）	4	北京、上海、苏州、深圳
科技资源配置较高水平区（0.8~1.8）	12	天津、南京、无锡、常州、杭州、宁波、武汉、广州、中山、重庆、成都、西安

续表

类别	数量/个	城市名称
科技资源配置中等水平区（0.23~0.8）	29	昆明、吉林、长春、绵阳、合肥、东营、潍坊、太原、清远、湛江、南宁、乌鲁木齐、南通、镇江、温州、湖州、石家庄、郑州、嘉兴、绍兴、金华、长沙、兰州、天水、三明、南平、漳州、福州、龙岩、沈阳、哈尔滨、大庆、济南
科技资源配置较低水平区（-0.19~0.23）	86	丹东、丽江、昭通、普洱、毕节、呼和浩特、宿州、淮南、青岛、惠州、江门、柳州、河池、百色、扬州、泰州、南昌、廊坊、洛阳、丽水、台州、温州、舟山、衢州、宜昌、张掖、拉萨、安顺、铜仁、丹东、商洛、安康、荆州、张家界、新乡、秦皇岛、保定、赣州、吉安、连云港、盐城、淮安、宿迁、梅州、崇左、来宾、桂林、梧州、遵义、抚顺、葫芦岛、铁岭、锦州、鞍山、咸阳、汉中、渭南、宜春、佳木斯、牡丹江、齐齐哈尔、庆阳、武威、梅州、沂州、大河、烟台、威海、雅安、六安、安庆、宣城、池州、滁州、阜阳、黄山、乌海、通化、南充、广元、德阳、保山、清远、湛江、唐山
科技资源配置低水平区（≤-0.19）	157	乌兰察布、包头市、呼伦贝尔、巴彦淖尔、赤峰、通辽、鄂尔多斯、吉林、四平、中卫、固原、临沂、德州、泰安、菏泽、临汾、吕梁、晋中、晋城、运城、长治、河源、韶关、玉林、九江、张家口、承德、衡水、邢台、襄阳、周口、平顶山、驻马店、十堰、天门、孝感、娄底、岳阳、常德、怀化、永州、衡阳、邵阳、郴州、定西、酒泉、陇南、宁德、朝阳、锦州、宝鸡、延安、榆林、双鸭山、鸡西、鹤岗、黑河等

科技资源配置高水平区：北京、上海、苏州、深圳4个城市。这几个城市属于我国的经济最发达地区，科技基础实力雄厚。北京作为我国的首都，经济和财政实力雄厚，集聚了全国最多的高等院校和科研机构，是我国科技资源最为密集的地区。而上海、苏州、深圳在不断完善市场经济体制的基础上，高技术产业发达，市场配置科技资源的作用较强，促使其配置科技资源的能力较强。

科技资源配置较高水平区：天津、南京、无锡、常州、杭州、宁波、武汉、广州、中山、重庆、成都、西安12个城市。这些城市经济发展水平仅次于北京、上海、深圳、苏州，在空间分布上呈现与上述一类城市的中心—外围空间结构，形成城市群状的集聚分布状态。这些城市依靠距离中心城市近的区位优势，通过体制机制创新，加强与中心城市之间的分工与协作，进而将中心城市的优质科技资源吸引过来，推动自身经济社会的发展。

科技资源配置中等水平区：昆明、吉林、长春、绵阳、合肥、东营、潍坊、太原、清远、湛江、南宁、乌鲁木齐、南通、镇江、温州、湖州、石家庄、郑州、嘉兴、绍兴、金华、长沙、兰州、天水、三明、南平、漳州、福州、龙岩、沈阳、哈尔滨、大庆、济南。这些城市根据其城市的性质可以分为两类：一类是部分地区（尤其是中西部地区）的省会城市，如河北的石家庄、山西的太原、辽宁的沈阳、黑龙江的哈尔滨、安徽的合肥、福建的福州、山东的济南、河南的郑州、湖南的长沙、广西的南宁、云南的昆明、甘肃的兰州等；另一类是长三角地区和珠三角地区经济较为发达的中小城市，如长三角地区的南通、镇江、温州、嘉兴、湖州、绍兴、金华等城市，这些城市虽然在城市人口规模上低于上述省会城市，但由于发达的市场经济体制下民营经济的快速发展，其科技资源的配置能力与这些省会城市不相上下。这也表明，市场作用对城市科技资源配置和创新能力的高低有着不可忽视的重要影响。

科技资源配置较低水平区：这些城市大多分布在河北、安徽、山东、辽宁、黑龙江、河北、湖北、贵州、湖南等中西部和东北部地区，大多呈环状或带状分布于科技资源配置较高水平区或省会城市的周边地带。这些城市由于受中心城市的辐射带动作用有限，经济发展水平较低。

科技资源配置低水平区：这些城市大多位于我国的陕西、山西、内蒙古、甘肃、辽宁、黑龙江、宁夏等地区，且多在省行政区的边缘呈连片状分布，形成科技资源配置的"洼地"，如内蒙古的乌兰察布、包头、呼伦贝尔、巴彦淖尔、赤峰、通辽、鄂尔多斯，黑龙江的双鸭山、鸡西、鹤岗、黑河等城市。这些地区地处西部或东北部，资源环境基础较差，产业层次较低，经济发展水平低，其较差的社会经济发展环境在一定程度上制约了地区资金、人才、技术、市场、信息等科技资源要素的产生与集聚，也影响了科技创新对地区经济社会发展水平的提升。

三、我国城市科技资源配置与经济发展水平的相关性分析

科学技术是第一生产力，支撑科学技术发展的科技资源已成为"第一资源"，是推动整个经济与社会发展的关键要素。在节能降耗的约束下，经济增长不单要依靠资源要素投入增加，更加注重资源要素的投入产出效率。在此背景下，科技资源配置与经济增长的关系研究更加具有实际价值。一般来说，配

置效率越高,越有利于经济发展;而经济的较快发展则可创造条件以引进更多的管理方法和生产技术,反过来提高科技资源的投入产出效率。目前,对于科技资源配置与经济发展之间关系的研究尚较少。徐巧玲运用计量经济学模型,从投入—产出视角构建测度指标,论证了科技资源配置与经济增长之间的关系,结果表明,科技资源配置与经济增长之间存在稳定的均衡关系,科技资源配置效率每上升1个百分点,GDP增长率将增加0.561 7个百分点[①]。由前文的分析可以看出,我国的科技资源及其综合配置能力总体上呈现由东部向中、西部递减的阶梯状分布特征,这与我国区域经济发展的空间格局基本一致。

为了进一步验证上述的理论与分析结论,本节试图运用简单的相关系数分析法,将上述288个地级市科技资源及其配置水平指标与人均GDP与城市化率做相关性分析,结果如表3.4所示。人均教育经费支出、高等教育学校数、人均财政科技支出、万人国际互联网用户数、万人专利申请量、万人专利授权量与人均GDP和城市化率分别在0.01水平(双侧)上呈显著的正相关性,且科技资源配置综合指数与人均GDP和城市化率的相关系数为0.509和0.366,均在0.01水平(双侧)上呈显著的正相关性。上述分析结果一方面验证了我国城市科技资源分布与经济发展空间格局一致的结论;另一方面表明城市的科技资源及其配置能力对于城市的经济发展水平及城市化水平的提升具有显著的影响。知识、信息、人才、资金、技术等创新资源密集的地区,其经济发展水平和城市化水平普遍较高,反之则亦然。针对我国科技创新资源的分布情况,要对城市科技资源比较落后的地区增加政策、人才、资金等方面的支持,提高落后地区的科技创新投入和产出能力,进而提升其经济发展水平和城市化水平。

表3.4 城市科技资源及其综合配置指数与人均GDP和城市化率的相关系数及显著性结果

指标	人均GDP		城市化率	
	相关系数	显著性	相关系数	显著性
科学技术服务从业人员数占总从业人员数比重	0.234	0.000(在0.01水平上显著相关)	0.125	0.033(在0.05水平上显著相关)
人均教育经费支出	0.477	0.000(在0.01水平上显著相关)	0.531	0.000(在0.01水平上显著相关)

① 徐巧玲.科技资源配置与经济增长的关系[J].社会科学家,2014(6):61-64.

续表

指标	人均GDP		城市化率	
	相关系数	显著性	相关系数	显著性
人均财政科技支出	0.566	0.000（在0.01水平上显著相关）	0.513	0.000（在0.01水平上显著相关）
高等教育学校数	0.361	0.000（在0.01水平上显著相关）	0.385	0.000（在0.01水平上显著相关）
万人国际互联网用户数	0.534	0.000（在0.01水平上显著相关）	0.565	0.000（在0.01水平上显著相关）
万人专利申请量	0.527	0.000（在0.01水平上显著相关）	0.377	0.000（在0.01水平上显著相关）
万人专利授权量	0.502	0.000（在0.01水平上显著相关）	0.351	0.000（在0.01水平上显著相关）
科技资源配置综合水平	0.509	0.000（在0.01水平上显著相关）	0.366	0.000（在0.01水平上显著相关）

四、我国城市创新综合竞争能力分析

在前文对全国城市科技创新能力和科技资源配置能力分析的基础上，本部分选取了科技、经济、生态和社会各个方面的15项指标，拟采用因子分析，来对全国288个地级市综合创新能力指标进行测算和比较。

（一）指标选择与数据来源

本部分选取15项衡量城市创新综合竞争能力的指标，数据均来源于《中国城市统计年鉴2013》、各地级市国民经济与社会发展统计公报、各个省（区、市）统计年鉴或地级市统计局网站，边界数据来源于国家基础信息中心1：400万数据库。

城市创新综合竞争能力指的是城市创新投入与产出绩效的综合表现。按照城市创新能力的内涵，基于数据的可获得性、时效性及可验证性，建立起指标体系（表3.5）。一方面，包括城市科技创新的投入产出指标，如人力投入、财力投入、基础设施投入，以及专利申请与授权数量；另一方面，还包括城市发展中的经济指标、社会指标和生态指标，其中每一部分又包含了多个指标。

表3.5　城市创新综合竞争能力指标体系

指标分类	指标	测算数据来源
科技创新投入	X_1　科学研究技术服务人员从业数/万人	《中国城市统计年鉴》
	X_2　人均教育经费支出/元	《中国城市统计年鉴》
	X_3　人均财政科技支出/元	《中国城市统计年鉴》
	X_4　普通高等教育学校数/所	各地级市国民经济与社会发展统计公报
	X_5　国际互联网用户数/万户	《中国城市统计年鉴》
科技产出	X_6　万人专利申请量/件	各地级市国民经济与社会发展统计公报
	X_7　万人专利授权量/件	各地级市国民经济与社会发展统计公报
经济效率	X_8　人均地区生产总值/万元	《中国城市统计年鉴》
	X_9　人均工业总产值（规模以上）/元	《中国城市统计年鉴》
	X_{10}　第三产业增加值占GDP比重/%	《中国城市统计年鉴》
生态效率	X_{11}　工业固体废弃物利用率/%	《中国城市统计年鉴》
	X_{12}　污水处理率/%	《中国城市统计年鉴》
	X_{13}　生活垃圾无害化处理率/%	《中国城市统计年鉴》
	X_{14}　建成区绿化覆盖率/%	《中国城市统计年鉴》
社会效率	X_{15}　城市化率（城市人口/年末常住人口）/%	各个省（区、市）统计年鉴或统计局网站

（二）城市样本选择范围

基于研究的科学性和数据的可获得性，本部分选择288个地级市作为研究对象，其中有23个省会城市，4个直辖市（北京、天津、上海、重庆），5个计划单列市（大连、青岛、宁波、厦门、深圳）。

（三）结果分析

1. 因子分析及主因子解析

因子分析测算结果如表3.6所示，根据旋转之后的因子载荷矩阵可以看出：主因子1在原有指标X_1、X_4、X_5、X_{10}上具有较大载荷，可命名为"科技进步指标"；主因子2在原有指标X_2、X_3、X_8、X_9、X_{14}上具有较大载荷，可命名为"经济发展指标"；主因子3在原有指标X_6、X_7上具有较大载荷，可命名为"创新绩效指标"；主因子4在原有指标X_8、X_9、X_{13}、X_{15}上具有较大载荷，可命名为"生活质量指标"；主因子5在原有指标X_{11}、X_{12}、X_{14}上具有有较大载荷,可命名为"环境质量指标"。综合这5个主因子测算结果,进而得出城市创新综合竞争能力指数。

表3.6 旋转之后的因子载荷矩阵

指标		构成成分				
		1	2	3	4	5
科学研究技术服务人员从业数	X_1	0.870	0.157	0.027	0.083	-0.075
人均教育经费支出	X_2	0.281	0.794	0.215	0.102	-0.143
人均财政科技支出	X_3	0.399	0.724	0.291	-0.007	-0.099
普通高等教育学校数	X_4	0.850	0.026	0.031	0.236	0.147
国际互联网用户数	X_5	0.782	0.259	0.121	0.088	0.010
万人专利申请量	X_6	0.206	0.183	0.861	0.196	0.103
万人专利授权量	X_7	0.124	0.261	0.883	0.136	0.044
人均地区生产总值	X_8	0.144	0.602	0.181	0.622	0.149
人均工业总产值	X_9	-0.066	0.590	0.221	0.619	0.147
第三产业增加值占GDP比重	X_{10}	0.700	0.034	0.194	-0.035	0.112
工业固体废弃物利用率	X_{11}	0.103	-0.129	0.321	-0.101	0.706
污水处理率	X_{12}	0.097	0.262	-0.247	0.360	0.570
生活垃圾无害化处理率	X_{13}	0.022	-0.053	0.044	0.672	-0.002
建成区绿化覆盖率	X_{14}	-0.033	0.540	-0.011	-0.205	0.366
城市化率	X_{15}	0.204	-0.017	0.117	0.644	-0.068

注:提取方法为主成分分析;旋转方法为Varimax与Kaiser归一化。一个旋转在11次迭代中收敛。

2. 城市创新综合竞争力分析

根据因子分析测算结果,全国288个地级市中,城市创新综合竞争能力超过全国平均值的共有92个(表3.7)。其中,城市创新综合竞争能力得分最高的为北京市1.897 835,其次是上海,为1.892 218,此外,综合得分超过1的城市有深圳1.584 691,江苏省常州市1.187 958。综合得分在0.5以上的城市有21个,其中天津0.935 475,沈阳0.567 979,大连0.547 475,南京0.547 475,无锡0.663 064,苏州0.558 547,杭州0.819 728,宁波0.658 109,湖州0.606 502,厦门0.642 004,济南0.598 459,青岛0.518 084,东营0.512 617,

武汉 0.584 647，广州 0.893 928，珠海 0.670 889，东莞 0.739 945，中山 0.650 735，成都 0.765 952，西安 0.593 55，克拉玛依 0.604 345。此外，城市创新综合竞争能力较强的（$0.1 \leqslant R < 0.5$）有 46 个城市，城市创新综合竞争能力一般的（$0 \leqslant R < 0.1$）有 21 个城市，城市创新综合竞争能力较弱的（$-0.1 \leqslant R < 0$）有 57 个城市，城市创新综合竞争能力很弱的（$R < -0.1$）有 139 个城市。

表3.7 全国288个地级市创新综合竞争能力分类

综合竞争能力排序	综合得分	城市名称
超强（4个）	$R \geqslant 1.0$	常州市、深圳市、上海市、北京市
强（21个）	$0.5 \leqslant R < 1.0$	东营市、青岛市、大连市、苏州市、南京市、沈阳市、武汉市、西安市、济南市、克拉玛依市、湖州市、厦门市、中山市、宁波市、无锡市、珠海市、东莞市、成都市、杭州市、广州市、天津市
较强（46个）	$0.1 \leqslant R < 0.5$	芜湖市、防城港市、鄂州市、拉萨市、徐州市、南宁市、唐山市、银川市、铜陵市、新余市、嘉峪关市、绍兴市、贵阳市、扬州市、三亚市、盘锦市、台州市、石家庄市、呼和浩特市、镇江市、莱芜市、兰州市、威海市、烟台市、乌鲁木齐市、金华市、海口市、哈尔滨市、包头市、嘉兴市、合肥市、舟山市、福州市、南昌市、昆明市、长春市、重庆市、大庆市、南通市、太原市、衢州市、鄂尔多斯市、郑州市、淄博市、佛山市、长沙市
一般（21个）	$0 \leqslant R < 0.1$	吉林市、本溪市、绵阳市、鞍山市、丽水市、朔州市、辽阳市、枣庄市、泰州市、莆田市、秦皇岛市、惠州市、潍坊市、汕头市、温州市、日照市、乌海市、泉州市、泰安市、滨州市、江门市
较弱（57个）	$-0.1 \leqslant R < 0$	淮安市、韶关市、马鞍山市、临沂市、株洲市、襄阳市、龙岩市、攀枝花市、邯郸市、石嘴山市、廊坊市、西宁市、自贡市、漳州市、济宁市、鹰潭市、榆林市、连云港市、聊城市、铜川市、德州市、七台河市、沧州市、松原市、湘潭市、牡丹江市、抚顺市、营口市、保定市、呼伦贝尔市、洛阳市、潮州市、宜昌市、乌兰察布市、辽源市、岳阳市、肇庆市、盐城市、新乡市、宣城市、许昌市、通化市、酒泉市、桂林市、蚌埠市、黄山市、漯河市、晋城市、景德镇市、延安市、安阳市、萍乡市、淮北市、晋中市、德阳市、十堰市、广安市

续表

综合竞争能力排序	综合得分	城市名称
很弱（139个）	$R<-0.1$	三明市、阳泉市、茂名市、淮南市、黄石市、阳江市、阜新市、焦作市、张家口市、锦州市、大同市、北海市、安顺市、广元市、张家界市、长治市、遂宁市、鹤壁市、平顶山市、承德市、宁德市、随州市、白山市、通辽市、常德市、池州市、菏泽市、宿迁市、遵义市、佳木斯市、三门峡市、宝鸡市、宜春市、柳州市、商丘市、开封市、益阳市、清远市、邢台市、伊春市、中卫市、九江市、铁岭市、丹东市、湛江市、宜宾市、巴中市、咸阳市、荆州市、来宾市、南平市、眉山市、固原市、赤峰市、衡阳市、咸宁市、运城市、濮阳市、滁州市、乐山市、贺州市、丽江市、亳州市、梅州市、信阳市、荆门市、六安市、鸡西市、资阳市、安庆市、渭南市、金昌市、汕尾市、临汾市、驻马店市、巴彦淖尔市、梧州市、吴忠市、抚州市、河源市、内江市、安康市、天水市、齐齐哈尔市、郴州市、武威市、崇左市、鹤岗市、衡水市、周口市、南充市、汉中市、钦州市、邵阳市、张掖市、阜阳市、玉溪市、永州市、曲靖市、吉安市、玉林市、黑河市、葫芦岛市、南阳市、绥化市、揭阳市、黄冈市、云浮市、双鸭山市、吕梁市、孝感市、六盘水市、四平市、泸州市、临沧市、商洛市、白城市、白银市、上饶市、贵港市、普洱市、雅安市、宿州市、娄底市、保山市、赣州市、朝阳市、忻州市、庆阳市、毕节市、怀化市、陇南市、百色市、定西市、达州市、铜仁市、河池市、昭通市、平凉市

第4章
科技创新能力对城市发展效率影响分析
—— 基于结构方程模型的实证研究

自人类创造城市以来，城市的发展与科技的创新始终相互促进，互为依托，面对日益复杂的发展形势，未来的竞争是科技创新能力的竞争。科技创新能力已经成为城市综合竞争力的核心要素，成为掌握发展主动权的关键。在资源限制及节能降耗的约束下，城市化的发展不应再依靠资源要素的投入增加，更要注重资源要素质量与使用效率的提高。在此背景下，科技资源配置与城市化发展效率的关系研究更具实际价值。一般来说，资源配置效率越高，越有利于提高城市化效率；而城市化效率的提升可反过来引进更多的管理方法与生产技术，提高科技的投入产出效率。但由于当前我国城市科技资源配置效率不高，现有的科技投入往往未能实现最佳产出，存在严重的科技资源浪费现象，对城市化效率的提升贡献力度往往有限，我国城市的科技资源配置与城市化效率的提升还未形成良性的互动关系。因此，如何提高科技资源配置效率进而带动城市效率提升，成为推动新型城市化发展的重要举措。目前，国内还鲜有学者对科技资源配置与城市化效率之间的关系进行分析，本章基于城市创新能力和城市化效率指标体系与影响的基本假设，通过构建结构方程模型，对科技创新的投入和产出对城市化效率的影响进行分析，试图探索我国城市科技资源的投入、产出对城市化效率提升产生的影响及二者的匹配度，以期推进科技资源高效配置与城市化效率提升的良性发展，为相关部门提供决策参考。

一、研究假设与理论模型构建

（一）理论模型指标体系构建

城市创新能力指的是城市科技投入和产出的综合表现。要研究城市科技创新能力对城市化效率的影响，首先需要建立一个科学合理的指标体系来对城市科技创新能力和城市化效率进行评价。按照城市科技创新能力和城市化效率的内涵，考虑数据的可得性，建立指标体系，如表4.1所示。一方面，包括城市科技创新的投入指标，如人力投入、财力投入和基础设施投入；另一方面，包括城市科技创新产出的指标，包括专利申请与授权指标。

表4.1　城市科技创新能力指标体系

指标分类	指标		测算数据来源
人员投入（rytr）	X_1	科学研究技术服务人员从业数/万人	《中国城市统计年鉴》
经费投入（jftr）	X_2	人均教育经费支出/元	《中国城市统计年鉴》
	X_3	人均财政科技支出/元	《中国城市统计年鉴》
物质投入（wztr）	X_4	普通高等教育学校数/所	各地级市国民经济与社会发展统计公报
	X_5	国际互联网用户数/万户	《中国城市统计年鉴》
科技产出（kjtr）	X_6	万人专利申请量/件	各地级市国民经济与社会发展统计公报
	X_7	万人专利授权量/件	各地级市国民经济与社会发展统计公报

同样是基于数据的可获得性、时效性及可验证性，本研究还构建起城市化效率评价指标体系（表4.2）。城市化效率具体包含3个部分，分别是经济效率、生态效率和社会效率，其中每一部分又包含多个指标。

（二）研究假设

本书假设：城市科技创新能力对城市化效率具有显著的影响作用。其中，本研究共有5个潜变量，分别是人员投入、经费投入、物质投入、科技产出及城市化效率。按照一般经济理论，可以设定出这5个潜变量之间存在着以下 4 种影响关系，具体基本假设如表 4.3 所示。

表4.2 城市化效率（cshxl）评价指标体系

一级指标	二级指标		数据来源
经济效率	Y_1	人均GDP/万元	《中国城市统计年鉴》
	Y_2	人均工业总产值（规模以上）/元	《中国城市统计年鉴》
	Y_3	第三产业增加值占GDP比重/%	《中国城市统计年鉴》
生态效率	Y_4	工业固体废弃物利用率/%	《中国城市统计年鉴》
	Y_5	污水处理率/%	《中国城市统计年鉴》
	Y_6	生活垃圾无害化处理率/%	《中国城市统计年鉴》
	Y_7	建成区绿化覆盖率/%	《中国城市统计年鉴》
社会效率	Y_8	城市化率（城市人口/年末常住人口）/%	各个省（区、市）统计年鉴或统计局网站

表4.3 城市科技创新能力对城市化效率影响的基本假设

代码	假设
H_1	人员投入对城市化效率有直接的正向影响
H_2	经费投入对城市化效率有直接的正向影响
H_3	物质投入对城市化效率有直接的正向影响
H_4	科技产出对城市化效率有直接的正向影响

（三）理论模型建立

基于城市科技创新能力对城市化效率影响的基本假设，结合城市创新能力和城市化效率的指标体系，运用结构方程模型构建起理论模型，如图 4.1 所示。其中，城市科技创新能力指标可以划分为 4 个方面，分别是人员投入、经费投入、物质投入和科技产出，城市化效率指标用 8 个变量表示。

二、样本选择与数据来源

（一）样本选择

我国的城市化包括以下几种城市类型，分别是大城市、中小城市和城市。但是在我国，城市是一个复杂的概念，既包括省级的直辖市、副省级的部分省会城市及计划单列市,也包括地级市、地级市下辖的县级市,起码有 4 个层级。截至 2012 年年底,国家统计局统计我国城市数量为 705 个,包括 368 个县级市、333 个地级行政单位和 4 个直辖市。如果把所有的城市放在一起进行比较,则会由于层级的混乱和城市量级的不一致,使比较失去意义。因此,在城市的选择上,首先要考虑城市之间的可比性,因此,本书的研究范围限定在 288 个地级及以上城市。

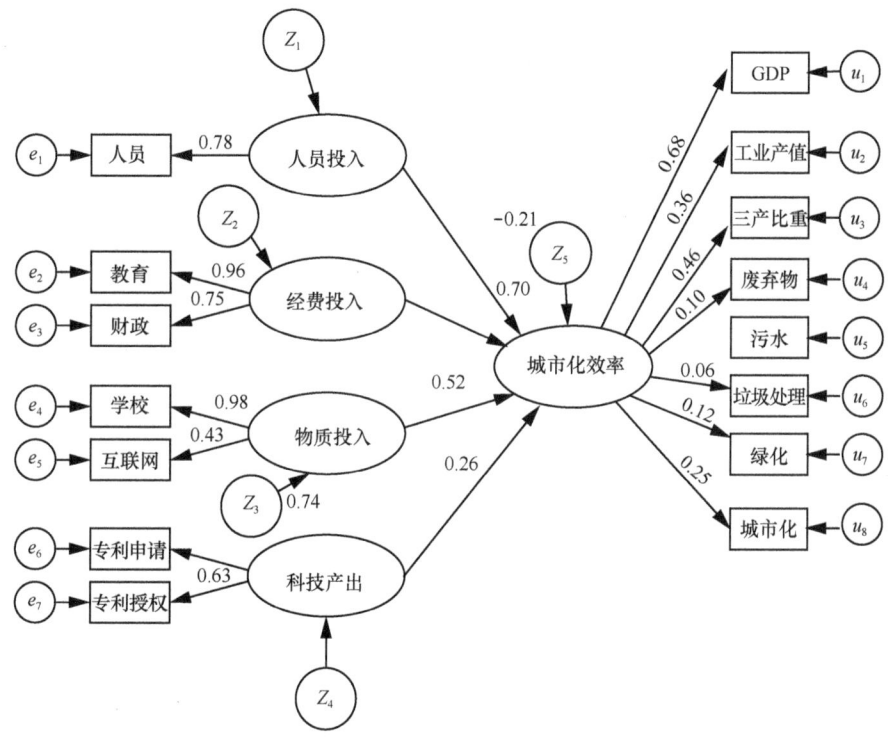

图 4.1 参数估计结果

(二)数据来源与处理

本研究的数据主要来源于历年的《中国城市统计年鉴》、各地市《国民经济与社会发展统计公报》及各地官网的统计数据。

为了更好地体现城市创新能力对城市化效率的影响,本书的数据包括 292 个城市 2008—2012 年 5 年的数据。考虑到科技创新投入实施效果的滞后性,界定为科技创新的投入在 1 年之后会产生专利等科技成果的产出,2 年之后会对城市化效率产生影响。也就是说,2008 年的科技创新投入对 2009 年的科技创新产出具有影响,再对2010年的城市化效率具有影响。这样5年的数据实际上就形成了3年的投入产出关系。最后,剔除掉有缺失值的地区,实际进入分析的样本量为863个。

三、模型估计与结果分析

本研究采用结构方程模型,运用Amos17.0软件,选择292个地级市、2008—2012年世界序列数据的5个潜变量、15个观测变量、1440个样本量进行分析。其中,采用最大似然估计(Maximum Likelihood)法对参数进行估计,并对估计结果进行系数的标准化处理,结果如下。

(一)参数估计结果

对模型进行估计,估计结果不显著。对数据进行检查后,发现污水处理率指标与工业固体废弃物利用率指标具有很强的共线性。因此,删掉污水处理率指标后重新进行分析,分析结果如表4.4、图4.1所示。在对模型评价之前,首先需要对模型估计结果进行显著性检验,这里采用CR(Critical Ratio)值进行检验。CR值是一个Z统计量,表示每一个回归方程的系数检验值,同时,Amos软件还给出了CR值的伴随概率P。

表4.4 模型系数估计结果

因果关系	未标准化路径系数	S.E.	CR值	P	标准化系数
cshxl←rytr	-1629.558				-0.213
cshxl←jftr	83.772	5.305	15.790	***	0.699
cshxl←wztr	95.453	9.621	9.922	***	0.519
cshxl←kjtr	612.126	113.341	5.401	***	0.256
X_5←wztr	1.000				0.432
X_4←wztr	0.154	0.023	6.594	***	0.979
X_7←kjtr	1.000				0.634
X_6←kjtr	1.660	0.337	4.926	***	0.737
X_3←jftr	1.000				0.748
X_2←jftr	3.932	0.212	18.511	***	0.960
X_1←rytr	1.000				0.781

续表

因果关系	未标准化路径系数	S.E.	CR值	P	标准化系数
$Y_1 \leftarrow$ cshxl	1.000				0.677
$Y_2 \leftarrow$ cshxl	2.165	0.231	9.367	***	0.358
$Y_8 \leftarrow$ cshxl	0.000	0.000	6.563	***	0.248
$Y_3 \leftarrow$ cshxl	0.000	0.000	11.844	***	0.460
$Y_4 \leftarrow$ cshxl	0.004	0.001	2.656	0.008	0.099
$Y_6 \leftarrow$ cshxl	0.000	0.000	1.496	0.135	0.056
$Y_7 \leftarrow$ cshxl	0.000	0.000	3.205	0.001	0.120

模型拟合优度：Chi-square =4315.564, RMR=0.00, GFI=1.00, NFI=1.00, RFI=0.157, IFI=1.00, TLI=0.159, CFI=1.000。

注：***表示0.001水平上显著。

通过表4.4的CR值结果可以看出，模型估计结果基本上全部显著。从相关统计检验结果来看，均为比较显著，说明模型拟合情况非常好。人员投入、经费投入、物质投入、科技产出4个潜变量对城市化效率都有显著影响。但是，与初始假设不同的是，人员投入对城市化效率的影响为负向影响，一个可能的原因在于科技水平反映到人员数量上，应该是科技水平越高，科技人员数量越少，这样自然就会产生这种效果。经费投入、物质投入、科技产出3个潜变量对城市化效率具有显著的正向影响，影响水平（标准化影响系数）分别是0.699、0.519和0.256。

（二）结果分析与讨论

结构方程的分析结果对于城市创新能力对城市化效率的影响进行了实证验证。将城市创新能力分为4个方面进行分析，分别是人员投入、经费投入、物质投入和科技产出，每一项指标都由1～2个指标构成，结果显示，这7个指标对4个潜变量影响非常显著（城市化效率指标由8个指标构成，后经过分析，取其中7个指标进入了模型）。结果反映，这7个指标对城市化效率影响非常显著。

从科技创新能力对城市化效率的影响来看，4个潜变量对于城市化效率的影响都很显著，说明城市科技创新能力对城市化效率具有重要影响。通过城市科技创新水平的提高，将有助于城市化效率的提高。也就是说，为了进一步提高城市化效率,促进城市化水平的提高,可以通过增加教育和财政等科技经费投入、增加对学校和互联网等科技集中地的物质投入、增加专利申请和授权的数量来实现城市化效率的提升。

科技人员投入对城市化效率的标准化影响系数为-0.213,表明科技人员投入对城市化效率具有负影响。原因可能在于科技水平反映到人员数量上,应该是科技水平越高,科技人员数量越少。

科技经费投入对城市化效率的标准化影响系数为0.669,表明人均教育经费支出和人均财政科技经费支出越高,城市化效率越高。人均教育经费支出和人均财政科技经费代表了城市财政对教育和科技的投入力度和重视程度。财政科技资金的投入是城市科技人才、技术创新、科技基础设施建设等的基础保障,对城市创新能力的提升和优化城市发展效率具有明显的促进作用。

科技物质投入对城市化效率的标准化影响系数为0.519,表明高等教育学校数和万人国际互联网用户数越多,对城市化发展效率越高。高等教育学校是知识创新、科技研发和人才培养的重要载体,其科技成果的产出对城市化效率提升具有明显的拉动作用。万人国际互联网用户数反映了一个地区的信息化水平,是地区科研、人才、资本、市场等科技创新资源相互流动和交互的基础,信息化水平越高,越有利于科技创新资源的交互和流动,城市的创新度越活跃,城市化效率的提升越明显。

科技产出对城市化效率的标准化影响系数为0.256,表明专利的产出能力对城市化效率具有显著的正影响,即专利产出水平越高,城市化效率越高。城市的专利产出水平是城市科技产出水平的重要代表,其通过技术的创新推动城市的经济、社会和生态等方面的快速发展。

第 5 章
以创新推动城市发展转型的典型模式

科技创新是推进新型城市化发展的强大动力。科技创新既是经济社会发展的生产力,也是新型城市化发展的强大软实力。纵观世界经济社会发展历程,每一次科技革命的到来,都会催生一批以相关产业为依托的新兴城市。当前,世界各地科技发展迅速,新能源、物联网等新一代信息技术产业正在崛起,必将会带动新一批城市的兴起。我国正处在全面建成小康社会的重要阶段,未来10年新型城市化发展将成为现代化建设进程中的大战略。2014年3月16日,中央政府发布的《国家新型城镇化规划(2014—2020年)》中提到,城市化带来的创新要素集聚和知识传播扩散,有利于增强创新活力,驱动传统产业升级和新兴产业发展。近年来,随着信息产业、网络产业、生物产业和知识经济的发展,出现了以高新技术科技园区为支点撬动新型城市化转型杠杆的发展模式,如上海张江高科技园区、北京中关村和嘉兴智富城等;又如,常州市政府通过推动科技体制机制创新,引导高新科技向文化领域的选择性切入而大力发展"文化创意"产业,着力推进文化与科技的深度融合、创意与创新相互促进,培育了动漫、网游、电子商务、新媒体等新的文化业态,等等。本章在梳理全国主要城市的发展类型的基础上,归纳提炼出5种依靠科技创新推动城市化发展方式转型的典型模式,并对其进行了分析总结,以期对其他地区的新型城市化发展提供具有借鉴意义的经验模式。

一、以科技创新推动城市发展方式转型的主要模式

实际上，城市创新式发展受经济、区位、自然资源、人力资源、技术、资本、市场、企业、产业等因素的影响和制约，各要素之间复杂的相互作用形成了不同的城市创新优势主导因素，产生了多种创新发展模式。单从依靠科技创新这一推动因素来看，可以将城市创新模式划分为以高端研发实现创新引领型、"外引内生"集成创新型、产业集群式创新网络驱动型、依靠政府科技体制机制创新推动型、承接大都市技术转移发展型这五大类发展模式。值得注意的是，对于创新型城市发展模式的分类可以从多种角度进行，大多数情况下，一个城市的发展会表现出多种模式并存的态势，但具有某一最为突出的特征。

（一）以高端研发实现创新引领型发展模式

1. 基本内涵

在这类发展模式中，一般都会有一个在科技方面具有引领作用的核心城市：科技资源丰富，且经济基础好，能通过强化和提升自主创新与研发服务能力，将自身打造成原始创新策源地、技术创新总部集聚地、科技发展交易核心区、区域高端创新型人才中心和高端产业示范引领区，并稳固确立在周边城市群中的创新中心地位，辐射带动周边区域的协同发展，与周边卫星城市形成上下游高度融合的技术创新链与产业协作链，如北京与京津冀城市群、上海与长三角城市群、武汉与武汉经济圈等。

2. 运行机制

以高新科技产业园区为抓手，注重发挥政府引导作用，围绕创新主体的合作需求，通过与各地政府建立战略合作关系，选择相应的地市建立高新科技园区分园，两地或三地共同搭建科技交流服务平台，促进各地企业合作需求对接，服务企业跨区域布局发展，推动科技创新和区域经济协同发展。支持企业跨区域布局、开展技术研发合作、组织项目对接、设立分支机构等，促成先进适用项目的及时落地转化和应用推广。

3. 典型特征

具有高端研发引领辐射作用的城市通常具有优越的地理位置，信息较为发达，城市科技条件好，科教资源丰富，特别是具有高校和科研机构集聚的

优势,有高素质的研究人员,具有依靠科技要素禀赋和原始创新驱动经济发展的相对优势。与此同时,要求城市经济相对发达,能够为创新活动提供丰富的资本、技术、人力等创新性因素,又具有良好的创新环境和产业基础。因此,该类城市往往是一个国家或区域的经济中心、创新中心。我国的北京、上海、南京、合肥、武汉等城市是该模式的典型代表。该类城市科研机构资源丰富,但企业研发能力较弱,城市应利用自己的科教资源,促进企业与学校科研结合,提高科研成果的本地商业化能力。

这类城市往往通过高校和科研机构很强的基础研究和应用研究等科学研究,产生大量的新技术和原创性成果,具有研发成果的领先优势。因此,该类城市具有研发资源的中心效应,可集聚大量的劳动力和知识组织所提供的外部环境,如大学和企业中的实验室、专业生产服务、大量的顾问等。高新技术企业和孵化器、中介机构、金融机构等将科教资源直接转化为生产力,让知识直接应用,让科研成果和专利等直接转化为产品。特别是企业作为创新成果转化和应用的载体,在促进科研成果的应用方面具有不可替代的优势。这就需要高校和科研机构加强与企业的合作,通过共建研发基地、孵化器、技术研发中心等推动研发成果的转化和应用。此外,知识创新和原始创新的研发投入大,具有高风险、高回报的特点,因此,在资金、产学研合作、抗风险等方面的支撑必须通过政府发挥作用,建立在财政、税收、人才等方面的激励机制及创新文化和物质环境,为原始创新创造良好的外部环境。除了研发资源的集聚效应之外,该类城市还承担着科技创新扩散的作用。新技术的发明和自主创新成果在该类城市产生并随着与其他城市之间创新要素的互动扩散到下级城市中。

4. 优劣势分析

该模式的优势在于以原始创新和知识创新为引擎,以高校和科研机构创新为主体,影响力比较深远,创新引致的良好效应的独享程度比较高,使得整个经济体的自组织能力和抵御外部联动风险的能力较强,不仅会大大提高城市经济的发展速度,而且可能会给城市经济和产业形态带来根本性的变革。劣势在于,在既定的条件下推动创新的成本过高,创新成果从科研机构诞生到应用于经济社会领域需要复杂的转化过程和漫长的周期,包含的技术风险、市场风险、管理风险等在内的综合风险会比较高。未来的发展方向在于,要完善推进科技成果转化的体制机制,加强科技成果转化与推广应用。

5. 典型案例：北京市——依托科教资源集聚优势以研发创新带动城市发展转型

（1）背景介绍

北京是我国的经济、政治、文化和科技创新中心。科技资源丰富，科技研发实力雄厚。据统计，2012年北京市全社会研发经费支出为1031.1亿元，R&D经费投入强度为5.95，居全国第一。R&D人员数32.24万人，占全国R&D人员数的6.98%。万人专利授权量24.41件，万人技术合同成交额9635.05元，远高于全国平均水平（表5.1）。丰富的高校、科研院所、科技人才、科技基础设施资源为北京市进行知识创新和研发创新提供了有力的支撑。2012年，高等院校和科研机构数量分别占全国的31.41%和10.32%；高等院校和科研机构研发人员占总研发人员的比重分别为21.59%和31.95%；高等院校和科研机构研发经费支出占总研发经费支出的比重分别为12.88%和45.94%（表5.2）。此外，拥有国家重点实验室107个，占全国的32.33%；国家工程技术研究中心65个，占全国的19.12%；拥有以中关村国家自主创新示范区为代表的3个国家级产业园区和16个市级经济开发区。北京的优势在于拥有将知识进行转化的大量资源，包括资金、市场、人才。

表5.1　2012年北京市科技资源配置情况

地区	R&D经费投入强度	R&D人员占全国比重/%	国家级实验室/个	国家级技术工程中心/个	万人专利授权量/件	万人技术合同成交额/元
北京	5.95	6.98	107	65	24.41	9635.05
天津	2.80	—	5	10	14.00	1644.02
全国	1.98	—	331	340	8.59	475.40

资料来源：《中国科技统计年鉴（2013）》。

表5.2　2012年北京市高等学校与科研机构科技资源配置情况

地区	高等学校			科研机构		
	数量占全国比重/%	R&D人员占总R&D人员比重/%	R&D经费支出占总R&D经费支出比重/%	数量占全国比重/%	R&D人员占总R&D人员比重/%	R&D经费支出占总R&D经费支出比重/%
全国	—	14.68	7.58	—	8.41	15.04
北京	31.41	21.59	12.88	10.32	31.95	45.94
天津	2.25	15.85	11.19	1.58	6.70	8.04

资料来源：《中国科技统计年鉴（2013）》。

（2）具体做法与成功经验

一是支持高等院校与科研院所合作，鼓励产学研联合创新。按照利益共享、风险共担的原则，通过共建研究开发机构、实验室，共同承担科技计划项目，联合开展重大课题攻关等形式，建立双边、多边技术协作机制。促进中央在京高校、科研院所的科技资源与企业研发需求相结合，在组织重大科技项目时优先考虑和遴选企业项目，并与企业一起面向高校、科研院所招标，共同开展科技攻关。

二是鼓励高等院校和科研机构科技资源的开放共享。首都科技条件平台从建立健全资源开放共享机制入手，通过政府支持、市场化运作的模式，促使院所为企业提供便利、低廉的科技条件资源服务，实现资源共享、信息共享和成果共享。主要做法是：一是建设网络化的科技资源开放服务体系和研发实验服务基地，推动科技资源的整体开放共享；二是实现所有权和经营权分离，引入专业服务机构作为核心运营与服务载体，发挥连接科技需求和科技资源的纽带作用，促进了开放科技资源的市场化运营和服务；三是建立科学合理的工作机制与利益分配机制，促进科技资源整体向全社会开放，并与市场需求相结合，推动科研仪器设备拥有方、管理部门、实验室和专业服务机构成为利益共同体，实现多方共赢，形成长效的运行机制。结合专业孵化器的建设，通过企业化的运作，引导建立了一批开放式、市场化的科技条件平台，在转化院所和高校的科技资源方面发挥了积极的作用。例如，北京汉潮大成科技孵化器有限公司与中国中医科学院合作共同建设了中药科技条件平台，整合了中国中医科学院中药研究所等6家院所的资源，纳入合作共享范围的仪器设备总值过亿元，完成了28项检测任务，产生了可观的经济效益。

三是加快大学科技园、产业基地和专业孵化器建设。在园区基地发展建设中不断注入科技创新元素，引导和支持科技成果与产业发展融合，推动科技成果在园区基地加快聚集，促进了创新集群形成和新兴产业发展。一是在中关村示范区"一区多园"中明确产业空间布局。市委、市政府提出，以海淀区、昌平南部地区构成的核心区为依托，加快建设北部研发服务和高新技术产业聚集区。发挥亦庄经济技术开发区的带动作用，建设南部高技术制造业和战略性新兴产业聚集区。二是建设一批新兴产业基地。推动一大批以知识和技术密集型为特征的高科技新兴产业基地，如新能源领域的新能源产业基地、新能源汽车产业基地、新能源汽车科技产业园、绿色能源产业基地；新材料领域的非晶科技产业园、石化新材料科技产业基地；电子信息领域的软件园、光机电一体化基地、数字电视产业园和移动通信产业园；生物医药领域的生物医药创新孵化基地、生物疫苗产业化基地等，已成为科技成果研发和转化的富集区。三是促进科技创业园区的发展。建设高新技术产业孵化基地、大学科技园、国家级创业中心和科技企业孵化器等。支持建立专业技术孵化体系，提高产业共性技术、关键技术的集成配套能力和工程化技术服务水平，拓展面向科技项目和科技企业的综合服务功能，培育中小企业发展。

四是构建多层次的公共服务平台。一是共建技术研发平台。围绕电子信息、生物医药、新材料、新能源和环保、科技服务业等重点产业，建设了一批产业共性技术创新服务平台。例如，启动了"生物医药领域成果转化与承接平台"，从承接优秀成果落地出发，构建供需对接、成果评价、引导资金、孵化空间、技术服务、政策帮扶六大支撑服务体系，初步形成了拥有900余项前沿科技项目的成果库。截至2012年，北京地区共有国家重点实验室107个，占全国32.33%；国家工程技术研究中心65个，占全国19.12%。重点实验室和工程技术中心是首都技术创新体系的重要组成部分，是开展高水平基础研究、应用基础研究，从事前沿技术和共性关键技术研究，促进重大科技成果转化和产业化的重要科技创新基地，是建设以企业为主体、市场为导向、政产学研用相结合的技术创新体系的重要载体。2010年，北京市出台《北京市重点实验室认定与管理暂行办法》和《北京市技术研究中心认定与管理办法》，提出支持鼓励以企业为主体建设重点实验室和工程技术研究中心，这些政策的出台有利于引导和支持创新要素向企业集聚，促进科技成果向现实生产力转化。二是支持高等院校搭建国际化科技成果转化合作平台。支持高等学校实施高端人才引进计划，聘任入选国家"千人计划"、教育部"长江学者奖励计划"、北京"海聚工程"、中关村"高聚工程"等计划的全球一流的专家和科研人员，利用国际创新资源开展科研项目研究和研究生联合培养工作，搭建国际化科技成果转化合作平台。

五是构建多层次的人才培养、引进与激励机制。人是原始创新的主要动力，是进行研发创新的基础。北京市制定了一系列人才引进和培养的政策措施。大力引进海外高层次人才，围绕首都发展需要，持续引进一批能突破关键技术、引领新兴学科、带动新兴产业发展的战略科学家和创新创业领军人才。建立海外高层次人才特聘专家制度，对海外高层次人才在薪酬、税收、社会保障、医疗、住房、子女入学等方面实施优惠政策。试点推行人才特区建设，出台了《关于中关村国家自主创新示范区建设人才特区的若干意见》。

依托高校开展在校大学生创业培训活动,加大对海归人才创业的支持力度,针对海内外优秀创业人才推出"雏鹰人才工程"。构建多层次的人才培训体系,建设高端人才创业基地,引导和支持新型创业服务组织发展,采取"孵化+创投"的服务企业新模式,全面激发人才创新创业活力,推进人才特区建设。

六是发展国际科技创新产业,实现国际创新资源"引进来",科技创新成果"走出去"。围绕北京建设国际交往中心和科技创新中心的城市战略定位,利用北京拥有的独特的国际资源和科技优势,结合国外有关国家的发展经验,提出一个新型产业概念——国际科技创新产业。所谓国际科技创新产业,是以原始创新、集成创新和引进消化吸收再创新为基础,以实现科技自身的商品属性和国际属性为核心,以国际科技合作与技术转移为手段,源源不断地产出世界领先科技成果,实现科技自身及相关成果乃至载体以商品化形态走向国内市场,带来大量的、直接的经济效益。具体举措如下:第一,以会议、网络和中心的形式为"国际科技创新产业"发展搭建平台。定期在京举办跨国技术转移大会、国际创新论坛、外交官科技通报会等,以会议为载体,将北京建设成为全球高端技术的集散地。整合海外技术转移机构和国内技术中介机构,建设"国际技术转移协作网络";利用北京的外交资源,推动"驻外科技外交官创新合作与技术转移服务体系"和"外国驻华科技参赞交流网络"建设;建立和推广"国际企业在线技术对接系统"。通过虚拟网络和物理网络,使北京成为国际最新技术的交流和合作中心。建设与不同国家政府间的跨国技术转移官方机制和针对相关领域的跨国技术转移专业机制,如中意技术转移中心,通过官方机制和专业机制,有目的、精确地输入和输出针对性的领先技术。第二,形成政府对"国际科技创新产业"发展的"项目—人才—基地"支持主线。对于国际科技合作研发和引进消化吸收再创新项目,通过国际科技合作项目和再创新项目进行支持。整合政府部门资源,对国际高端人才引进、国际科技人员交流、国际化人才团队培养进行支持。推动形成北京市的机构与外国企业、高校院所机构主体间的合作,对合作条件好、合作模式新、合作成效大的机构,择优认定"北京市国际科技合作基地",并整合银行、券商、风投等方面的社会资源,以金融服务、拨贷联动、拨投联动、企业上市、风险投资等多种方式支持基地"走出去"和"引进来"。第三,以园区、机构、技术为抓手,打造一批"国际科技创新产业"落地亮点。建设一批国际创新示范园;集中展示国际先进技术,在对北京科技发展起到示范作用的同时实现向全国乃至全球的辐射;建设一批国际产业孵化园:瞄准国际上出现的新型产业,全面引进国际产业链上下游的相关技术和企业进行集成孵化;建设一批国际科技产业园:对于来自国际的产业化条件较成熟的技术和企业集群,推动这些企业在相关国际科技产业园内实现集群式发展;建立一批中外联合研究院室:推动国外高水平大学院所与北京机构建立联合实验室,推动诺贝尔奖得主与北京大学院所合作在京建立面向成果转化和产业应用的联合研究院,帮助国际知名跨国公司在京设立研发中心,推动北京企业在海外设立研发中心。

(二)"外引内生"集成创新型发展模式

1. 基本内涵

"外引内生"相结合的集成创新式发展模式,一般适用于自身科技资源较为缺乏,但区位条件和经济、产业基础较好,有集聚和吸引外部资源优势的城市,它们能通过引进外部科技资源与本土企业的技术创新进行融合,增强企业的自主创新能力,优化产业结构。这类城市一般是区域性的中心城市,作为创新源头,带动辐射周边地区的科技创新发展。

2. 运行机制

以产学研为突破口,通过体制机制创新,将外部科技资源与本土企业有效嫁接,研发和生产新的应用导向型技术和产品,进而推动城市在产业、社会民生、管理等方面发展的模式,即"外部引进"和"内部集成"的模式对这类城市具有较好的适用性。采取这种发展模式的城市往往具有较好的区域比较优势,市场意识比较成熟、经济体制比较完善,产业基础好,民营经济活跃,有创新创业的文化环境,政策制度比较宽松且政府的推动力强,外部性科技资源流入的成本较低,能够迅速形成良好的利益展示机制以便进一步吸引和留住外部创新性资源。我国的深圳市、常州市是这一模式的典型代表。值得注意的是,对于一些科教资源、人才缺乏的城市,并不能简单地复制区域中心城市整合本地创新禀赋的创新路径。

3. 典型特征

"外引内生"集成创新型发展模式必须具备的两大关键性要素是外部创新性要素的聚集效果和本土企业、产业的发展基础。城市内部宽松的制度环境和较好的产业发展基础不断地吸引外部的科教资源流向城市,而科教资源聚集为本土企业开展创新活动提供了智力和技术支撑,有效地促进了高校和科研院所的科研成果转化及企业的自主创新能力。具体而言，城市经济在市场化竞争的压力下，通过本土企业与外部高校、科研院所项目合作，以及共建孵化器、研发中心、示范基地等形式的合作，来弥补城市内部创新资源的不足，提高城市自身研究能力和研究人员的业务和创新能力。在这一过程中，创新资源的流入还需要外部环境系统的支撑，政府在外部环境系统构建中起着举足轻重的作用。外部环境系统包括投资环境营造、科技服务体系构建两个方面。投资环境的营造包括政策环境、法律环境、市场环境、文化环境、生态环境、人居环境等，吸引着外部创新资源的流入；科技服务体系包括由政府组织，促进企业与外部高校、科研机构合作建立研发平台，完善中介服务体系和公共服务体系等，主要目的是促进外部科技资源的内部转化与推广。

4. 优劣势分析

这种发展路径的优势在于，全开放式的吸引外部资源的方式使得创新性资源的供给比较充足，既有效弥补了创新要素缺口，又降低了创新成本和风险。更为重要的是，这种以市场需求为导向，本土企业为主体，产学研相结合的创新模式，提高了科技成果的转化率，促进科技与经济的有效结合，在当前开放经济的背景条件下，该类模式具有很强的生命力。劣势在于，由于缺乏内部科教资源且外部的科教资源创新活动基本围绕企业创新能力的提升为主，容易导致城市内部自身原始创新、知识创新和基础创新能力的不足，影响了城市持续创新能力的提升。其进一步发展的方向是，在进一步探索和完善吸引留住外部创新资源的制度机制基础上，加强外部科技资源的吸收、转化与推广应用，使其转化为城市内部的创新资源，要加强城市知识创新的能力，提高城市创新的自主性，增强城市经济自我完善、自我发展的能力。

5. 典型案例

（1）案例1：深圳市——"外引"和"内联"相结合推动城市发展方式转型

深圳位于珠江三角洲东岸，与香港隔水相望，是改革开放后靠大批创业者兴办企业发展起来的一个新兴城市，国有经济规模小，民营经济活跃，但与其他城市相比，科研基础先天不足。在这样的背景下，深圳把自主创新作为城市发展的主导战略，大力营造有利于自主创新的环境，充分发挥市场配置资源的决定性作用，以产学研为突破口，积极搭建平台，开放集聚国际国内创新资源，把本土企业资源与外来创新资源"嫁接"起来。经过多年的努力，深圳以企业为主的创新模式形成了"4个90%"，即90%以上研发机构设立在企业，90%以上研发人员集中在企业，90%以上研发资金来源于企业，90%以上发明专利出自于企业。以企业为主体的自主创新带动了高新技术产业的快速发展。目前，深圳已经形成了以金融业、高新技术产业、物流业、文化产业为主导的四大支柱产业和以互联网、生物、新能源、新材料、文化创意、新一代信息技术为代表的六大战略性新兴产业，成为我国重要的技术创新中心和高新技术产业基地。

主要做法与成功经验如下。

第一，以公共服务平台为载体，集聚外部科教资源。

一是深入推进深港创新圈合作，建立了两地政府创新合作的协商统筹机制，相继共同建立了深港产学研基地、深圳虚拟大学园、深港生产力基地、深港创新圈互动基地等公共服务平台，通过集聚一批区域内外知名的高校、科研机构和高技术企业等进行科技成果的研发、孵化和转化，推动两地科技合作和产业升级。二是大力吸引国内知名科研机构在深设立研发机构和成果转化基地。例如，深圳市与清华大学合作，建立清华大学深圳研究院；与中科院合作，建立中科院深圳先进技术研究院等。深圳虚拟大学园是深圳市委、市政府为吸引和促进国内外名校、科研院所来深圳进行科技成果转化和产业化、中小型科技企业孵化和高层次人才培养，把大学的综合智力优势与深圳的市场环境优势相结合，按照一园多校、市校共建模式建设的产学研结合创新园区。园区内有清华大学、中国地质大学等多所学校在深圳开展产学研工作。三是加强与国际科技资源的合作。鼓励支持龙头企业研发"走出去"，在科技资源密集的国家和地区设立研发中心，如华为、中兴已分别建立了16个和18个全球研发中心；支持境外机构在深设立研发机构和技术转移机构。

第二，注重对本土企业自主创新能力的培育，突出企业创新主体地位。

深圳注重对本土企业自主创新能力的培育，不断完善企业主导产业技术创新的体制机制，90%的研发人员、研发机构、科研投入、专利生产集中在企业，企业成为技术创新的主导者、组织者和风险承担者，形成了有3万多家创新型企业的集群。具体措施如下：一是实施一系列自主企业创新的资金计划，如设立"企业研发资助计划""创新型企业成长路线图计划""留学生创业资助计划"等11项计划，基本覆盖了企业自主创新的各个领域和环节。二是重点培育高新技术企业。设立高新技术产业专项补助资金，重点扶持技术先进、能形成自主知识产权，且产业化前景良好的高新技术企业。资助经相关部门认定的国家级、省市级技术研究机构，鼓励国家工程中心、国家重点实验室到深圳设立分支机构。安排专项经费，鼓励企业研发具有自主知识产权的国际标准、国家标准和行业标准；对在深圳注册的申请国内外发明专利的科技型企业给予资助。三是在企业研发资金的投入上，由事前的项目申报转变为研发经费的核定报销。深圳过去的企业研发资金资助方式是由企业申报项目，专家审核，现在改成在项目的基础上，对企业上一年实际研发的投入总额按照一定比例给予无偿补贴，补贴总额最高为600万元。

二是建立了一批"研发机构+公司"发展模式的新型研发机构，解决科技源头创新不足短板并加快产业化。为解决深圳科技源头创新不足的短板，深圳创新发展思路，创办了一批面向市场、研发和产业化一体推进的新型研发机构，即"研究机构+公司"的发展模式。新型科研机构不仅是原始创新的尖兵，更积极致力于产业化。深圳市新型科研机构主要有两类，第一类是社会力量创建的"民办官助"类新型科研机构，典型代表是华大基因、光启研究院。民办官助即研发机构由一支非官方的核心团队申请创办、运作和支撑，政府给予资金额度和时间限度的支持，即"养事不养人"，灵活的体制机制吸引了一大批优秀科研人才。第二类是引进共建的"国有新制"类新型科研机构，典型代表是中科院深圳先进技术研究院、深圳清华大学研究院。清华大学研究院将自身定位为连接大学和社会、沟通科技与经济的创新型研发机构；组建研究所、实验室为企业解决成果转化技术难题；帮助企业找担保、申请贷款；成立技术协作中心、产学研示范基地；为企业培训和引进海外人才。通过四大举措，对高新技术成果进行深加工。截至2012年，已成功孵化高新技术企业600余家，平均每天有超过15项重点成果实现产业化，仅2010年在孵企业总销售额就超过260亿元。深圳和而泰公司目前是国内家电智能控制器领域的领头企业，公司成立之初，清华大学深圳研究院就积极与企业展开院企合作，不仅为企业提供"种子资金"，还在科研、人力资源等方面给予支持，促成技术成果迅速转化为产品投入市场。此外，为扶持新型科研机构发展，深圳出台了从人才、用地用房、项目资金及产业导向等多个方面的政策措施，为深圳新型科研机构的发展提供政策保障。

三是充分发挥金融中心优势，建立覆盖技术创新链条全过程的科技金融服务体系。从实验室技术转化到初创企业，深圳市出资30亿元吸引社会资金，成立了创投引导母基金来解决种子期融资问题。通过参股方式扩大企业投资规模，以让渡受益权来引导子基金有效投向种子期和初创期企业。当企业进入成长期，就可以从创投机构获得"融资+股权"服务。同时，成长型科技企业还可以通过信用担保和再担保机构获得"担保+信贷"服务。对符合条件的3000万元以下、一年期以内贷款给予再担保,且其中信用贷款超过50%。深圳市还搭建了企业互保政府增信平台,对"民营领军骨干企业"采取企业有限互保、政府有限补偿、银行自担风险模式解决中长期融资。在政府的引导下,深圳高度发达的创投机构创造性地对接了银行、证券、保险等传统金融机构,强化"全链条服务"。深圳多种金融机构一起发挥协同效用,大胆尝试了科技企业信贷债转股、供应链融资、组合担保贷款、集合债券和集合票据等新融资路径,成立深圳市高新技术投资担保有限公司、深圳创新科技投资公司等。设立创业投资引导基金,政府分3年出资30亿元,引导社会资金流向创业投资企业。探索建立了担保机构的资本金补充和多层次风险分担机制,引导和激励社会资金建立中小企业信用担保机构。先行探索技术产权交易体系建设。产权交易机构建立统一互联的股权登记托管中心,创新交易模式和运作机制,为产权(股权)交易、企业(项目)权益融资、企业股份制造、高新技术成果转化提供服务。

四是加大对高层次人才的吸引力度。在高等院校等传统科技资源先天不足的情况下,深圳政府积极吸纳、用好各类高层次人才,设立产业发展和创新型人才奖,对在深圳市做出突出贡献的创新型人才给予奖励,鼓励高等院校、科研机构和公共研发平台面向海外招聘具有跨学科知识的自主创新领军型人才。建立创新型人才带薪培训和学术休假制度,鼓励民办培训机构参与政府主导的技能人才培训,对产业发展紧缺人才的培训费用由政府、企业(单位)、个人共担。深圳还充分利用"虚拟大学园"的师资力量,如清华研究院通过开展短期培训、继续教育、论坛讲座等多种形式的培训,为孵化企业培训了大量的人才。加紧实施"孔雀计划",着眼于用科技成果转化股权、期权作为激励,加上住房、医疗、教育等要素来吸引海外高端人才。为此,深圳市政府推出了1号文件,即《关于实施自主创新战略建设国家创新型城市的决定》,之后,又通过了1+6号文件即《关于健全行政责任体系加强执行力建设的实施意见及六个配套文件》,内容包括为初到深圳或在深圳短期或兼职工作的各类创新人才提供高品质低租金的人才公寓;为民间创新人员的发明及创新性"非共识"项目提供资助;每年政府拿出2亿元重奖科技、研发、文化、管理等多方面创新人才等。

五是强化政府的服务职能,同时将更多的自主权交给企业其他机构,充分发挥市场在资源配置中的作用。在管理体制方面,在全国率先成立科技创新委员会。科技创新委员会对于重大专项课题，让更多企业家、风险投资家，以及经济、管理专家等参与技术创新项目评审，并建立健全市场导向的后评估机制，注重创新成果对经济社会发展的实际贡献。同时，依托国家超级计算机深圳中心，构建科技计划项目网上征集、申报、受理、评审、评估、考察、合同签订及资金拨付程序的"一站式"办理体系，全过程信息化、透明化。在财政资金管理方面，实验"拨改投"，委托下属一家事业单位代持政府股权，行使出资人职责，以3~5年的期限参股，原则上不做第一大股东，不干预企业生产经营。这种做法不仅不给财政增添负担，还能将一去不回的拨款方式改为有益的引导性投资，实现财政资金的保值增值和滚动支持。风险管控则逐渐依靠银行和第三方评估机构，把专业问题尽量交给市场专业机构。

（2）案例2：常州市——经科教联动，产学研结合，校企所共赢

常州市位于江苏省南部，长江三角洲中心地带，与上海、南京、杭州等中心城市等距相邻，且与苏州、无锡联袂成片，构成苏锡常都市圈。2013年，常州市全市常住人口469.2万人，GDP为4360.9亿元，形成了农业机械制造、输变电设备制造业、汽车及配件制造业、新型纺织服装业四大支柱产业。常州具有扎实的人文和工业根基，是近代民族工业的发祥地和全国的工业明星城市。伴随着改革开放的不断发展，常州的民营经济释放出巨大的活力，涌现出一大批新兴乡镇企业，一举成为全国最早的经济体制综合改革试点城市和对外开放城市。2010年，常州市被确定为全国首批20个国家创新型试点城市之一。

常州的优势是制造业发达、民营经济比重大、基础教育和职业教育基础好；劣势是民营企业大多是中小企业，缺乏技术和资本，全市也缺乏大院大所。常州市根据其所面临的优势和劣势，2002年开始建设以高等职业教育为特色的"高职教育园区"，主要目标是培养"银领"人才，这在全国独树一帜。2005年年底，常州决定在"高职教育园区"的基础上建设"科技城"，先后建成了技术转移中心、技术研发中心、科技创业中心，诞生了一个产学研集合的科技创新平台。2007年年底，常州又将"科技城"扩展为"科教城"，与国际大院大所开展合作，科教城从原来单一的高等职教园地，嬗变为融大学、研发机构、企业、孵化器于一体的公共平台，以及教育和科技研发高地。作为常州市最大的创新创业基地，常州科教城吸纳了5所高职院校和1所本科院校，集聚了包括北京大学、清华大学、中国科学院、南京大学、东南大学等在内的248家高等院校、研发机构和高科技孵化企业，6778名科

技人才，以及81个海归创业团队。截至目前，园区入驻机构总数已达248家，15所著名高校在科教城设立了研发机构和孵化企业。中科院常州先进制造技术与产业化中心建成了13个分中心、6个研究所。园区海归创业团队落户55家，引进的人才中具有博士学位的有2039人，全年申请国家专利277项。

常州作为一个二三线城市，面临着工业化初期技术和资本短缺的瓶颈和科教资源不足的制约。常州市创新性地运用工业化时期通过开放型经济进行要素弥补的做法，采取了"外部引进"和"内部集成"相结合的措施，以科教城为依托，引进外部创新资源开展产学研合作，有效弥补了创新要素的缺口，走出了一条经科教联动、产学研结合、院所企共赢的新路子，推动了传统产业向高新技术产业升级，促进了常州市经济社会的快速发展，实现了"常州制造"向"常州创造"的转型。常州市创新型城市建设的典型模式与特征具体如下。

一是以科教城为依托，实行经科教联动，强化多层次的科研资源体系，形成要素集聚的规模化。对内，集成整合本地现有的各类中高等教育机构和有限的科技资源到科教城集中发展，促进教育机构的资源共享和规模效应，并形成教育和产业的无缝对接。对外，当地政府主动与中科院及其他高水平研究机构进行接触，吸引科研力量到常州科教城建立高新技术研发机构和各类产学研合作平台，在获取外部技术的同时，也吸引了外部的智力资源。在常州科教城，中科院常州中心建有6个研究所和4个分中心，南京大学、东南大学、哈尔滨工业大学、机械科学总院等大院大所建有21个研发和孵化基地，园区入驻研发机构、企业和中介服务机构超过600家。科教城与英国、以色列等国家开展科技合作，建立了牛津大学ISIS中国中心、中以科技园等6家从事国际技术转移的专业机构和孵化器。在机器人与智能装备、生物医药等领域形成鲜明的研发和产业孵化特色。在促进企业研发方面，常州通过政策倾斜，鼓励企业自建或与外来机构合作建立博士后工作站、技术研究中心、实验室等研发机构，增强企业的技术水平。在常州，90%以上的大中型工业企业均建立了研发机构。

二是政府主导，建立利益共享的多层面、可持续的产学研合作机制。由于科研机构的利益趋向与企业的利益市场导向之间存在本质性的偏差，构建双方互惠共赢的利益分配机制是持续产学研合作的关键。在常州市创新型城市建设的过程中，政府一方面由党政主要领导带队，组织大规模的企业家代表团访问国内有影响的大院大所进行科技对接，形成高规格的产学研合作；

另一方面,为了从根本上改变产学研合作不可持续的问题,常州市不但坚持在产学研合作中通过向科研机构分期支付技术转让费或通过技术入股、销售提成、技术服务费或津贴、期股、期权(达到一定目标给院所和技术人员以股权或销售提成等期权)等多种对价方式获得科研成果的使用权,还鼓励企业发挥优势,对科研机构有关应用型纵向课题的申请与研究提供支持。此外,对于外部引进的创新资源,通过向其提供优惠的研究条件和落实本地企业对其科研活动的风险投资等多种途径形成企业和研究机构各自利益的深入相关。这样不但从机制上解决了利益冲突问题,而且双方还可能凭借各自在理论和应用层面的优势形成优势互补,促进企业技术的先端化和科学研究向产业化、实用化方向的转移。近年来,常州市企业已与国内100多个重点高校、科研单位建立联系,以合作开发、技术转让等方式实施科研项目的市场化开发。超过半数的常州科技型企业拥有自己的智囊。

三是坚持实施多渠道开放型的人才培育机制,从根本上解决创新基础能力。常州的人才引进思路是通过对领军型创新创业人才个人及其团队的整体引入,促进人才向企业、产业集聚,形成"产业企业集聚人才、人才引领发展产业"的态势。为此,常州实施了面向海外人才的"千名海外人才集聚工程和领军型海归创业人才计划"和面向国内重点领域人才的"金凤凰高层次人才引进计划"等一系列吸引国内外优秀人才的优惠措施。对于本地人才,常州以电子信息、先进装备制造、新材料、新能源与生物医药等领域为重点,培养集聚了一批高层次创新创业人才,支撑引领了产业发展。

常州的实践表明,即便是那些不具备创新要素禀赋优势的城市,政府通过加强"集聚创新要素的整合力度"和"完善创新机制的制度建设"两个方面的工作,仍然可能通过对科教资源和高技术企业等创新要素的外部引入和内部整合等做法,弥补禀赋不利,促进创新型城市的形成。

(三)产业集群式创新网络驱动型发展模式

1. 基本内涵

在市场的主导作用下,城市从本地区比较优势和资源禀赋出发,选择优势要素形成某种优势产业,并在市场机制作用下逐步形成具有分工协作关联的生产、服务企业和科研、信息、培训等社会服务机构在空间上的集中,进而通过各主体间设施资源共享、知识信息流动、创新分工合作等规模范围效应的发挥,增强要素创新的强度和频率,促进城市经济的全面创新。这类城市往往具有特殊的资源禀赋，能形成一定的优势产业，并通过产业集群式发展集聚与整合科技资源，构建集群创新网络，推动产业向高端化水平迈进，如昆山等。

2. 典型特征

该类城市的特点是城市经济发达，市场基础好，特色产业优势明显，并集聚了大量的相关产业，企业间网络密集。与传统的线性创新机制不同，集群式创新机制不再强调企业是创新活动的唯一源泉，而是认为创新是一个由多个经济活动主体分工、协作构成的网络系统。各个主体根据自身职能发挥不同作用，交换信息、知识，实施合作创新和跟随创新。因此，该路径的实质是通过产业的集群化发展，形成集群创新网络，通过各网络节点主体协同创新，进而带动城市全要素创新。

3. 运行机制

在产业集群内部，创新活动由企业、政府、社会机构等多个创新主体参与，并由核心企业、机构和外部支持系统组成。其中，生产企业以市场需求为导向直接从事创新，零部件或原材料供应商、服务企业进行跟随关联创新，大学、科研机构与企业合作提供先进知识和技术；教育培训、金融等中介机构分别提供创新所需的专业人才、资金和信息；地方政府、行业协会、社区网络等社会机构为集群提供创新所需的政策扶持、公共平台、制度规范和文化环境等。企业与企业之间，企业与其他行为主体之间，通过产业联系、制度及政策等积极参与到创新过程中，形成区域创新网络。在这一过程中，各个创新主体在交互作用中通过创新网络连接，形成协同创新，从而使得各种网络联系成为创新的源泉。各创新行为主体不断地利用集体学习的力量进行创新，城市的创新氛围和创新体系逐步形成。与此同时，由于产业集群在发展壮大的过程中吸收了大量周边的生产要素，这些要素的质量将随着产业集群的不断优化升级而得到提高，进而推动城市经济的全要素创新。需要强调的是，在集群创新网络中，各节点主体自身功能发挥、分工合作及要素交流的频率和稳定程度，直接影响着集群创新系统的作用范围和强度，制约着产业集群式创新的运行状况，因而也就影响了城市创新能力的提升。

4. 优劣势分析

这种发展模式的优势主要体现在要素共享优势、创新协作优势和知识扩散优势3个方面：一是通过创新资源的共享降低企业创新成本，并产生规模效应，促进集群创新能力的可持续发展，优化企业的创新环境；二是集群内的上下游企业通过相互合作、相互学习，增强集体学习能力和合作创新能力；三是在产业集群内部，企业之间、企业与科研机构之间通过研究成果转移、人员溢出、企业衍生、社会交流网络等途径，促使集群内的知识技术迅速扩散。但由于实际运行过程中企业协作外部配套服务体系不完善等原因，作为产业集群核心竞争力源泉的专业化分工和创新协作优势等并未得到充分发挥。当前,产业价值链在经济全球化和信息化的进程中正发生着重大变化，产品和产业分工的界限越来越模糊,形成了生产环节中的分工和产业交叉融合的新型分工模式。所以,城市产业集群实际上是与城市的性质和功能相协调,以城市主导产业为核心所形成的城市跨产业聚落组织。

5. 典型案例：绍兴市——构建优势特色产业集群创新网络推动城市转型升级

（1）背景介绍

绍兴市位于浙江省中北部，以发展纺织业为主，逐步形成了化纤、织造、印染、服装及关联纺织机械和染料制剂等多个行业和1000多家企业集聚而成的纺织业产业集群，是我国纺织工业的主要生产基地之一。近年来，绍兴市依托自身纺织产业集群优势，通过建立科技创新服务体系、科技金融服务、龙头企业培育等方式构建了纺织业产业集群创新网络，极大地推动了纺织业的转型升级，推动了城市创新能力的提升。

（2）主要做法和经验

一是通过建立科技创新服务体系，构建起产业集群创新的支系统。绍兴市根据"市场化运作、社会化服务"的原则，建立了生产力促进中心、轻纺科技中心、中国轻纺城、浙大职教学院绍兴分院、现代工业研究院等科技创新服务体系。其中，以现代工业研究院为核心的科技创新服务体系是绍兴市为满足产业转型升级需求一大新举措。研究院建立于2006年，以全国首个民营生产力促进中心、国家级重点高新技术企业——绍兴轻纺科技中心为主体，联合浙江理工大学、浙江大学等90余家单位共同建设，是"浙江省现代纺织技术及装备创新服务平台"的实施单位。研究院下设纺织品质量检测、纺织技术推广、创新花样艺术设计、流行面料设计等十余个服务窗口；组建了纺织信息技术、纺织服装工程技术、纺织装备及控制、纺织新材料等共性技术研发中心；建设成立纺纱纺织、印花染色、服装家纺等中试生产基地，形成"研发—中试—产业化—技术服务"一条龙推进的全程服务体系，服务面涵盖浙江省内2/3的纺织企业，并辐射江苏、山东、广东、上海等十余个省市。

二是通过政府引导，为企业创新提供金融支撑。绍兴市依靠政府信用，在银行等金融机构为企业创新增加授信额度，利用科技金融杠杆推动企业进行产品创新。以中信银行绍兴分行为例，其根据政府有关产业转型升级的政策导向，积极调整信贷投资方向与重点，把支持的重点放在创新能力强，产品以高技术、功能性纤维和复合材料为发展方向的优势纺织企业，促进产品结构优化。

三是实施龙头企业培育工程，提升集群整体创新水平。企业是创新的直接实施主体。绍兴市将着力点放在行业内龙头企业创新能力的培育上。通过政府引导，努力在纺织产业各环节培育一批具有核心竞争力和行业话语权、关联度高、带动力强、支撑作用明显的创新型龙头企业。为此，出台了一系列转型扶持政策，在金融与财政支持、科技支撑、节能减排、审批服务等方面给予重点扶持，并大力鼓励有条件、有实力的纺织企业建立研发中心，扶持创建省级高新技术研发中心，强化纺织业知识产权保护工作。龙头企业快速发展壮大，对整个产业集群整体核心能力的提升起到了带动作用。

（四）政府科技体制机制创新推动型发展模式

1. 基本内涵

这种类型主要是指城市政府制定明确的城市创新发展战略，制定和颁布促进城市创新的政策措施，不断加大基础设施投资，推动国际、国内的创新资源要素向城市集聚，支持和鼓励创新主体之间形成互动和网络关系，营造有利于创新的文化氛围，引导全社会参与城市创新。该类城市的特点是：经济发展总体水平较低，市场机制落后，科教资源缺乏，科技基础条件较差，企业自主创新能力薄弱，以发展传统产业为主。受制于经济和环境的约束，市场在该阶段难以体现出主导作用，政府在城市创新中起着关键性作用，如萍乡、兰州等。

2. 典型特征

这类城市科技资源较为缺乏，经济、产业基础不好，主要依靠政府的科技体制机制创新来集聚科技资源，提升城市创新能力，推动经济社会发展。

3. 运行机制

政府依靠自身在政策法规、资金支持、公共服务等方面职能的充分发挥，通过政策引导、人才引进、科技创新服务体系建设等方式服务于创新主体的培育，进而为增强城市创新能力提供有效的保障。首先，通过金融支持对创新活动进行直接或间接的投资是政府部门在科技创新中最主要、最普遍的职能,也是科学技术实现创新和发展最直接和最有力的动力。该类城市经济发展水平较低的基本特征决定了其在创新的过程中对资金的大规模需求,这就需要政府不断强化对高新技术企业和高新技术产品的金融支持。资金支持的形式主要包括:政府对科技研发费用的直接投资、财政补贴、设置技术创新的专门基金、采取科技创新研究开发活动的创新税收优惠政策、建立金融支持平台等。其次,科技进步与创新的关键取决于创新人才,科技基础资源建设的核心问题就是吸纳、培养和使用创新人才。政府一般通过实施一系列人才引进的优惠政策,加强与大专院校、科研单位、大型企业的联系等共同研发等方式培养和开发人才,对技术创新人才进行技术培训等措施加强对科技创新人才的引进、培育和提升。最后,政府科技创新服务体系构建的好坏,直接影响到创新活动的成败。一方面,政府组织、制定相关政策,探索建立官、产、学、研联合机制,搭建企业或行业公共研发平台,促使高校、科研机构与企业形成利益共同体,引导它们发挥各自优势,联合研究开发,共同生产销售;另一方面,政府通过组织并规范创新服务中介组织,提供资金融通、创业直达、技术支持、管理咨询、项目评估、市场开拓等多项中介服务,加速科技创新成果的商品化和市场化。因此,该模式对政府的功能要求较高。政府通过制定创新战略、政策法规、培育创新主体等手段完善城市的科技创新环境,为城市创新提供一系列制度保障。

4. 优劣势分析

这种发展模式是一种典型的自上而下的强制性制度变迁。其优势在于,对城市市场经济发展水平要求相对较低,在政府相关制度供给高效率的前提下起步发展速度较快,由政府专业化地解决经济社会发展中面临的突出矛盾,经济发展相对平稳,较少出现大起大落的局面。劣势在于,由于过于依赖政府力量,不仅容易出现政府经济对于民间经济的挤出效应,而且不利于市场经济主体的培育和发展,一旦出现政府失灵将会遭受巨大损失。创新本身就是根植于市场的,随着创新型城市的发展,政府应逐渐将工作重点转移到营造亲商投资环境、培育尖端技术、塑造产业集聚方面,市场将在创新资源的配置中起主导作用,在市场配置资源和政府协调作用的合力下,城市将形成有利于创新的环境,以此来培育研发活动的开展和产业创新集群的形成。该模式的进一步发展方向在于,全面提升政府的综合素质以保证创新相关制度供给效率的不断提高,转变制度供给方式,加大对市场主体的培育和扶持力度。

5. 典型案例：萍乡市——依托政府科技体制机制改革驱动城市化发展转型

萍乡市位于江西省西部，东南与本省宜春、吉安接壤，西北与湖南株洲、浏阳相邻。地处国家京广、京九、浙赣经济发展轴带形成的"H"型中间地带，东接江西省经济中心——昌九景城市群，西连湖南省经济中心——长株潭城市群，区位优势明显。萍乡市矿产资源丰富，拥有煤炭和电瓷产业发展的百年辉煌历史，是一座老工业城市。经过多年的发展，该市已经形成了以煤炭、机械、冶金、化工、建材、陶瓷等为代表较为完备的工业体系，但也同时遭受着资源枯竭、产业发展不可持续的瓶颈制约。2007年，萍乡市被列为全国首批资源枯竭型城市之一。面临产业转型重任，如何通过科技创新推动产业转型发展成为当地政府关注的重点问题。为此，萍乡市政府把科技创新作为加快城市转型的战略基点，充分发挥自身在公共服务、政策法规、资金支持等方面的职能，通过积极搭建市校合作平台、政策引导、人才引进等方式，强力推动外部科研机构与企业进行产学研合作，服务于企业自主创新能力的培育。通过高新技术和先进适用技术的应用，着力提高了产业发展水平和产品档次，煤炭、陶瓷建材、烟花爆竹等传统产业得到改造升级，新材料、先进装备制造等战略性新兴产业得到培育发展。

政府积极搭建平台，推动产学研合作。一是积极搭建科技创新网络平台。投资300万元建设了"萍乡市科技创新网络平台"，平台包括科技文献与数字图书馆、知识产权服务、仪器设备共享、创业孵化服务、产学研合作、产业推介6个子平台和科技机构库、科技专家库、科技成果库、创新企业库、技术需求库、人才需求库6个动态数据库。二是加快产学研合作实体平台建设。为推动科技与产业结合，服务产业发展，萍乡市政府先后与南京大学、中国建筑材料科学研究总院、中南大学等11家国内知名院校签订了全面战略合作协议，与清华大学、中科院上海硅酸盐研究所等80余家高校和科研机构建立密切联系，与中国建筑材料集团、中材集团、中国节能投资公司等10余家央企和知名企业建立了合作关系。目前与武汉理工大学、北京理工大学、湖南大学、中南大学等合作共建了4所萍乡发展研究院（技术转移中心）；建设了市、县区二级7个生产力促进中心和5个行业生产力促进中心，组建了13家科技中心。三是积极推进各类研发平台建设。市政府积极支持企业与院校共建研发中心。一方面，以市校合作为平台载体，大力引进院所与企业共建研发中心；另一方面，积极引导本土企业走出去，在科技优质资源较多的地区建立研发机构。例如，在电瓷产业方面，与中材集团和山东工陶院达成了共建"国家工业陶瓷工程研究中心萍乡分中心",与中国建材研究总院共建高技术陶瓷技术研究中心,新技术、新工艺促进了电瓷传统产业进行升级改造。

实行科技入园、入企,为企业提供有效科技服务。一是科技入园。组织开展了萍乡市县级领导干部挂点联系园区(基地)科技创新工作等科技特派员工作,派选了22名县级干部挂点"一区五园二十个产业基地"专门联系科技创新工作,帮助指导园区制定产业发展规划、建立创新体系、引进产业急需人才等,增强企业创新能力。二是科技入企。选派了50名科技特派员到科技型企业和战略性新兴产业重点建设项目,加快引进推广先进技术,推进项目建设和成果转化,进一步扩宽了科技服务产业渠道。

采用多种手段加大对科技创新的经费投入,引导和扶持创新活动。在稳定科技财政投入的基础上,设立科技创新扶持资金。2010年设立1000万元科技创新专项资金,用于对科技基础条件及平台建设、创新企业和创新团队建设、产学研合作及科技入园、中小企业技术创新、科技新产品开发及成果转化、专利申请等项目的扶持。2012年设立萍乡市创新创业投资引导资金,计划用4年时间,每年投入5000万元,合计2亿元,设立创新创业投资引导资金母资金,滚动发展,长效支持企业科研投入,有效增强企业科技创新能力。

强化一系列科技创新的政策支持。一是制定一系列支持企业创新的政策。对产业技术研发平台给予5万~20万元的无偿奖助,实施效果显著的给予50万~200万元无偿资助;对引进院校、研发机构入园的给予25万元奖励;对重点新产品和科技成果给予5万~20万元一次性奖励;对获得国家发明专利的给予2万元专利实施补助等。政府的财政性科技经费投入的引导作用,促进了企业创新投入的增加,企业发展增速,效益明显提高。二是出台一系列人才激励政策。出台了《关于实施人才强市战略的意见》《关于增强自主创新能力建设创新型萍乡的实施意见》等人才优惠政策,设立人才专项经费。加大人才引进力度,与中南大学合作实施"能力素质提升工程",开设硕士研究生班,在萍乡市招收了50余名工程硕士研究生。

积极营造创新氛围。为进一步提高全民科技意识,营造企业创新氛围,增强创新意识,萍乡市政府积极开展各类科技活动。一是举办各类大型科技宣传活动,增强全民科技意识。萍乡市政府每年举办一次自主创新成果和科研院校成果展示推介会,集中展示萍乡市自主创新成效及合作院校成果;每年定期召开科技创新助推城市转型专题新闻发布会，宣传科技创新促进产业发展的作用和成效等。通过一系列科技宣传活动，全社会科技意识明显增强。二是广泛开展科技合作与交流。坚持"政府搭台，企业唱戏"的原则，每年举办2次以上大型产业技术对接活动，市区县领导带领企业走访国内知名高校和科研机构，为企业找项目、围绕项目找人才。

（五）承接大都市技术转移型发展模式

1. 基本内涵

当前，我国不少大中城市周围县（市）充分利用紧邻区域中心城市的区位优势，积极融入中心城市都市圈，利用产业梯次转移、配套中心城市的上游产业等方式，提升自身创新能力。这类城市自身科技资源较为缺乏，但具有靠近大都市的区位优势，可以通过融入大都市产业链或承接大都市产业转移，进而接受其知识、技术、资本、人才等科技资源的辐射，进而推动城市经济社会的发展，如廊坊、嘉兴、南通等。

2. 典型特征

这类城市发展模式的特点是，该区域产业专业化程度低，基于专业化分工协作的产业集群（产业链）和支撑性组织尚不完善；大学、公共研究机构等知识创新资源和知识转移机构相对缺乏，教育培训机构只能满足低水平的职业培训需求，知识生成与扩散能力无法满足企业的需求；区内企业规模较小，科研投入强度、创新活动数量和对外部知识的吸收能力均低于周边地区平均水平，创新网络亟待完善。该模式要求在区位上邻近较为发达的城市，在接受中心城市的辐射方面具有得天独厚的优势，具备良好的基础建设条件、便利的交通、良好的生活环境、完备的劳动力市场、良好的治安环境及便利的投资政策，能够主动有效地接受中心城市在人才、技术、资本及关联产业等方面的辐射。

3. 运行机制

在这种模式下，围绕在大城市周边的中小城市，根据自身邻近大城市的地缘优势，以及劳动力、土地等要素成本的比较优势，依据产业梯度转移规律，利用率先承接发达地区产业转移的优势，采取多种形式开展创新活动，不断接受中心城市的资金、项目、人才、技术等扩散转移，并加快推进基础设施建设和融资平台等创业环境建设，服务于本地社会经济发展。一般而言，为解决好大城市的科技资源扩散，该类地区通过以下几种形式吸引大城市的科技资源：一是通过土地、税收、资金等政策优惠吸引大城市的大型科技创新型企业，组建科技水平高端化、产学研体系完备的研发机构或产业基地，提升企业科技创新的能力和水平。二是加强与大城市合作的研发层次，如技术转让，合作共建科技园区、产业基地，合作共建企业技术研发中心等。三是加快提升城市科技创新配套能力和科技创新外部环境等建设，如基础设施、软硬件条件、政策与体制机制等。

4. 优劣势分析

该模式的优势在于，区位优势明显，经济起步较快，容易受到多种外力的拉动。劣势在于，对于无法复制的区位优势要求较高，限制了其适应范围，难以形成自主发展机制。这类城市未来的发展方向是，通过大力推进制度创新，改善创新环境，学习和吸取发达地区经验和知识，吸引发达地区的资源为本地所用，促进知识和技术的流动、传播和运用，逐步形成能够支撑与发达地区产业体系对接的地方创新体系。因此，这类地区的科技创新工作需注重采取多种形式吸引、组织中心城市的科技创新资源向本地区的辐射和转移，从而提升自身的创新能力。

5. 典型案例：嘉兴市——共建科技园区，承接大都市产业转移带动地区发展

近年来，地处长江三角洲的嘉兴及周边城市与上海市积极开展合作，通过共同筹建"园中园""共建园"等异地工业园，组织上海企业向外迁移，开创出产业转移合作模式的新趋势。其中，嘉兴科技园、南通科技园区就是这方面成果的典型代表。

一是引进大专名校共建科技园区等创新载体。浙江嘉兴位于上海南翼，与上海紧密接壤，是浙江省接轨上海的前沿阵地，统筹城乡一体化、推动新型城市化建设的先行之地。长期以来，由于历史原因，嘉兴大学和科研机构匮乏，科技创新能力不足。2003年开始，嘉兴市委、市政府积极推进关于引进大院名校共建创新载体的战略措施，率先引进清华大学和中国科学院，共建了浙江清华长三角研究院和中科院应用技术研究与转化中心，开展应用性的技术研究和成果转化，形成了先发优势，并在此基础上，规划建设嘉兴科技城，形成了"双核六园"的规划布局。

此后，科技城内还引进了俄罗斯国家科学院、乌克兰国家科学院、美国普度大学、韩国庆北科技园、华东电器科学院等科研院所，园区与美国、日本、韩国、德国等科技强国开展广泛的科技合作交流，共建了一大批应用性

的研发机构、工程中心和技术转移中心，并一以贯之地深入推进科技资源共享和创新平台合作共建。浙江科技孵化城也先后引进上海交通大学科技园、国家纳米科学中心、北京电光源研究所、中国航天工业集团、中电集团、中关村科技园等大院名校、科技园和大型企业，共建科技创新载体，开展科研和产业合作。

二是依托大都市科教资源，大力建设创新服务平台。嘉兴科技园区建设的一个显著特点是重视创新平台的建设，不断提升和完善创新平台的功能，健全创新平台体系。嘉兴科技城先后引进中国科学院系统的17家研究所共建了20家工程中心，引进清华研究院建成了一批研究所和工程中心，包括2个省级重点实验室和1个省级重大创新服务平台。嘉兴科技城建成了一批高水平的技术研发和测试平台、重点实验室、中试基地，以及国家、省级、市级科技企业孵化器等。嘉兴科技城是省级国际科技合作基地，与国内外知名科研机构、世界500强企业共建了20多个国际技术合作平台和产学研基地，包括中俄科技转化中心、乌克兰国家科学院国际技术转移中国（嘉兴）中心、美国普渡大学长三角技术转移中心、浙江（嘉兴）中德现代物流研究院、中韩国际技术转移中心等，开创了"产学研一体""知识产权共享"的国际技术合作新模式。同时，科技城还建立了浙江光伏光热及其装备技术产业创新联盟等一批产业技术创新联盟，吸引了浙江红土创投、天津股权交易所科技创新板等大量科技金融和中介机构进入，逐步成为全省性技术创新要素集聚平台。浙江科技孵化城的省级光伏高新技术产业园区、国家级秀洲慧谷科创中心、纳米产业发展研究院等科技产业创新平台在引领科技创新、推动产学研合作、培育和孵化高新技术产业等方面的作用也日益显现。

三是加快"产""城"融合，用经营城市的理念开发园区，以园区为抓手推动城市转型升级。嘉兴科技园区的建设始终重视与城市功能区同步的开发建设，用经营城市的理念促进科技园区的开发建设，科技商务稳步发展，基础设施建设加快推进，生活配套、人居环境进一步改善，科技城区的文化、教育、卫生服务水平日益提升。嘉兴科技城现代服务业以科技服务、软件开发、服务外包、人才培训为特色，2009年被列为省级现代服务业集聚示范区、省级服务外包示范园区，建立了Infosys中国教育中心、IBM软件产品实训基地等人才培训机构。投融资平台建设取得突破性进展，目前，科技城吸引了红土创投等20多家创投企业，累计募投资金规模达到50亿元。一批高品质的楼盘、新型业态、培训机构、检测平台快速形成，科技城已成为嘉兴中心城市向东开拓发展的重要功能区。浙江科技孵化城坚持以科技园区的建设带动城区向西的拓展和城市功能的提升，优先发展现代服务业，配套打造高品质的特色商务楼宇，培育文化创意产业，发展工业设计、现代会展、金融创新等生产性服务业集群，提升城市公共设施水平，优化区域生态品质，培育中心商圈，科技孵化城的城市功能日益显现。

二、以科技创新推动城市发展方式转型模式的分析与启示

通过以上模式的理论与实践分析可以看出，城市科技创新的发展植根于城市经济基础、资源禀赋条件及创新文化要素条件，它的发展与模式的形成受经济、区位、自然资源、人力资源、技术、资本、市场、企业、产业、政策等多种因素的综合影响，每种模式都有其发展的独特性和适用性。但是，这些模式也具有城市科技创新体系建设的共性特征，如将产学研合作作为创新的突破口，将企业作为创新的主体，充分发挥政府的服务职能等。因此，本书认为，在选择城市的科技创新模式时，既要基于城市自身的要素禀赋条件基础，又要遵循科技创新体系建设的一般特征与规律。

（一）根据城市的要素禀赋条件，选择合适的创新发展模式

研发驱动型的模式对于国家和区域性中心城市等一线城市具有较好的普适性。这些城市科技基础条件好，对创新要素的集聚能力强，以原始创新和知识创新的研发驱动社会生产力的提高，会带来城市经济和产业形态的根本性变革。"外部引进"和"内部集成"相结合的模式对于科技资源缺乏的大多二三线城市具有较好的适用性。这些城市类似于不发达经济体在工业化初期的资本和技术的"双缺口"困境——启动创新型城市的初始阶段处于所有创新要素全面短缺的状态。采取了"外部引进"和"内部集成"相结合的综合措施，可有效弥补创新要素缺口。政府主导的创新政策推动型的城市一般为市场环境差、经济发展水平低的城市，这些城市科技基础条件差、产业发展较为落后，企业创新能力不足，在发展的前期需要政府的强力推动。我国市场经济较为落后的中西部地区的中小城市适用于该发展模式。此外，随着城市创新的不断发展，其发展模式将是不断变化的，如深圳，随着外部科研机构的不断集聚，其创新建设逐步向原始创新和基础创新迈进。因此，城市创新模式的选择要基于城市自身发展的约束条件和面临环境的复杂性，进行

准确把握，最终目的在于以追求创新要素最大化为目标（表5.3）。

表5.3 以科技创新推动城市发展方式转型的模式比较

模式分类	城市特征	模式特点	模式优劣势	典型城市
研发驱动型	经济发达，科教资源丰富，创新环境和产业基础好，企业创新能力弱。一般为国家或区域的经济中心、创新中心	高校和科研机构作为创新的主体，通过知识创新和原始创新推动城市创新能力提升	优势：以原始创新和知识创新为引擎，影响力比较深远，可能会带来城市经济和产业的根本性变革；劣势：创新的成本过高，创新成果转化周期长，综合风险较高	北京、上海、南京、武汉、合肥等城市
"外部引进"和"内部集成"结合型	区位条件优越，市场经济活跃，制度环境较为宽松且政府执行力强，企业创新能力强，但科技资源较为缺乏。一般为市场经济较为活跃的二三线城市	以市场需求为导向，以本土企业为主体，以产学研为突破口，以体制机制创新为基础，通过本土企业与外部高校、科研院所项目合作、共建孵化器、研发中心、示范基地等形式，将外部科技资源与本土企业有效嫁接	优势：有效弥补创新要素缺口，降低创新成本和风险；促进科技与经济的有效结合；劣势：缺乏内部科教资源且外部科教资源基本围绕企业自身创新能力	深圳、常州等城市
基于产业集群驱动型	城市经济发达，市场基础好，特色产业优势明显，并集聚了大量的相关产业，企业间网络密集	通过产业的集群化发展，形成集群创新网络，通过各网络节点主体协同创新，进而带动城市全要素创新	优势：要素共享优势、创新协作优势和知识扩散优势；劣势：产业布局趋同，附加值不高，产业结构优化依赖外部要素推动	宁波、绍兴、温州等城市
以政府主导的创新政策推动型	经济发展总体水平较低，市场机制落后，科教资源缺乏，科技基础条件较差，企业自主创新能力薄弱，以发展传统产业为主	政府在城市创新中起着关键性作用。政府依靠自身在政策法规、资金支持、公共服务等方面职能的充分发挥，通过政策引导、人才引进、科技创新服务体系建设等方式服务于创新主体的培育	优势：城市经济发展起步较快，经济发展较为平稳；劣势：不利于市场经济主体的培育和发展，一旦出现政府失灵将会遭受巨大损失	萍乡市

（二）产学研合作是城市科技创新的重要手段

随着高校功能从人才培育、科学研究到社会服务的延伸，高等教育、科技、经济一体化的趋势越来越强。尤其是在知识经济社会中，大学将被推向社会发展的中心，成为社会经济发展的重要动力。由此，企业作为科技创新需求方与科研院所、高等学校为科技创新供给方之间的产学研合作成为推动城市科技创新的重要手段。一方面，它集成了高校、科研院所和企业等多种创新资源，实现了创新要素的协同与有效组合，提高城市科技创新的效率；另一方面，它有效地解决了研发与市场需求脱节的问题，将研发成果转化为新技术、新产品，并应用到城市的产业、民生、生态等领域，有效推动城市经济社会的转型升级。因此，产学研合作是城市创新体系建设的重要内容。产学研合作有多种方式，如共建科研基地、科技园区、孵化器，合作共建实验室、研发中心，共建产业技术联盟等。不同的城市由于自身的经济发展基础、科技要素条件和科技创新环境等的不同，选择产学研合作的方式也不同。例如，北京市依靠自身的科教资源优势，通过多种形式的科研基地、科技园区、孵化器、产业联盟等产学研合作方式，推动了科技研发与经济社会发展实际需求的有效结合。深圳市依靠自身企业和产业发展基础好的优势，通过体制机制创新，引进外部科教资源与本土企业进行合作，通过共建产学研基地、大学科技园、孵化器等方式开展产学研合作，极大地推动了深圳社会经济的快速发展。绍兴市则通过构建产业集群创新网络，推进网络内各个创新主体间的协同合作。萍乡市在各项条件较为落后的情况下，充分发挥政府作用，采取市校企合作的方式，积极搭建各类科技创新服务平台，推进产学研合作，加快了城市传统产业转型升级和战略性新兴产业的快速发展。因此，城市在推动科技创新时，可根据自身的要素禀赋条件，选择合适的产学研合作方式，进而有效推动科技与城市社会经济发展需求的有效结合。

（三）强化企业的创新主体地位是推动城市创新能力提升的关键要素

企业是经济活动的基本单元，在市场经济体制下，只有企业成为技术创新的主体，才能敏锐地把握市场需求，有效整合产学研力量，加快创新成果的转化应用，推进科技与经济的有效结合。因此，城市的科技创新往往将以企业为技术创新主体，通过产学研合作强化企业的自主创新能力作为城市科技创新的重点战略。企业往往通过自主创新和引进创新，发展高新技术产业，推动企业自主创新能力的提升。同时，企业通过加强与其他企业、高校、科研院所的合作力度联合共建实验室、技术研发中心等，借助其他组织力量提升自身创新能力；加强与银行、风险投资机构、科技交易服务机构等中介组织的合作力度，加快企业创新进程，提高科技成果转化率。政府从政策制定、财政支持和资源配置等各个方面培育和扶持企业进行创新，如制定对企业自主创新的财政、金融、税收、人才等方面的激励政策，制定与知识产权保护相关的制度、政策、法律、法规等，促使企业加大科技研发投入和科技成果转化推广。通过搭建公共服务平台（如公共研发平台、公共技术平台和公共信息服务平台等）、建设科技中介机构等形式为企业自主创新提供信息、技术、人力、设备、金融、市场等方面强有力的支撑。城市市场经济发育的程度，企业自身创新能力的强弱，产业、经济发展的阶段和形态等是城市选择强化企业创新主体地位需要考虑的因素。例如，深圳市作为我国改革开放的试验田，民营经济活跃，企业自主创新能力强，科教资源缺乏，具有与外部科研机构合作研发的基础，企业自主创新能力的增强主要依靠与外部科研机构的产学研合作进行推动。而萍乡市作为传统的老工业城市，企业自主创新能力较弱，市场经济体制不成熟，主要依靠政府对企业自主创新的强力扶持和引导来培育企业的创新主体地位。基于以上分析，城市的科技创新要以企业作为创新的主体，不同的城市要基于自身要素禀赋条件的不同，选择合适的方式。

（四）产业集群是城市科技创新的重要支撑

城市的产业组织形式和技术创新能力是城市创新的根本机制。产业集群是基于产业价值链的关联性企业或产业在一定地域内的聚合体。就技术创新而言，产业集群内关联企业和城市各相关产业的集聚能够产生创新的技术溢出效应和规模效应，进而形成非常有利于创新的环境，并对上述功能特性形成具有竞争优势的纵横交错的创新网络。由此可见，产业集群作为一个创造、扩散和应用知识的体系，从本质上讲就是一个城市创新体系，无论采取哪种模式，产业集群都是城市科技创新的重要支撑。但是，城市科技创新中产业集群的构建要基于城市产业发展的阶段、结构与形态。例如，北京市和深圳市以构建高新技术产业集群推动城市科技创新；宁波市以构建专业化市场驱动下的纺织业产业集群推动城市科技创新；萍乡市则以在政府主导下构建制造业产业集群为主。

（五）政府引导是城市科技创新的重要保障

城市的科技创新是政府和市场两种力量共同作用的结果。政府是城市科技创新的必备要素和关键变量，肩负着组织和优化城市科技创新体系结果、激励各创新主体活力、规范各创新要素行为的使命。政府对城市科技创新活动以宏观调控为主，即利用政策引导、市场规划、产权保护、行为激励等行政、法律、经济手段，对技术创新过程进行直接或间接的宏观调控。因此，城市不论选择何种模式的科技创新路径，均离不开政府的宏观调控作用。但是，对于要素禀赋条件和经济社会发展阶段不同的城市，政府的作用力度和方式是不一样的。例如，深圳市市场经济活跃，社会经济发达，政府主要发挥其服务职能；市场经济相对落后的萍乡市，政府对科技创新的主导作用显得更为强劲。但不论采取何种模式，政府发挥作用的最终目的是引导市场发挥配置创新资源的基础性作用。

第6章

欠发达地区城市创新资源配置特点与创新路径分析
——基于贵州省9个市(州)的案例研究

党的十八大报告提出实施创新驱动发展战略，提高区域创新能力、完善区域创新体系是实施创新驱动发展战略的重要任务，对于欠发达地区而言，尤其需要重视依靠科技创新驱动转型发展，否则将会形成经济、科技发展的新差异，陷入差距越来越大的恶性循环之中。城市是地区经济发展的增长极，也是创新资源的高度集聚区。本章选择贵州省为典型案例，主要基于两点原因，一是贵州省地处我国西南地区，以山区地貌特征为主，更是我国唯一没有平原支撑的省份，经济总量和人均经济社会发展水平都处于全国下游水平。2013年虽然贵州省的GDP增速达到12.5%，与天津市并列全国第一，但GDP总量在全国仅仅排在第26位。二是贵州省连续几年科技进步综合水平位于全国倒数第一、第二的位置，对其地域内的城市创新资源开展研究有非常典型的研究价值。

为此，本研究重点从贵州省城市体系创新的角度，选择贵州省9个市（州）为案例，从城市创新资源分布和各市（州）协同创新分析入手，剖析城市群创新资源的分布、规模和结构特征，分析实践中的创新体系完善与提升创新能力的做法，探索欠发达地区依靠城市创新提升城市竞争力的实践路径，为欠发达地区寻求以城市为骨架开展区域协同创新提供经验借鉴。

一、贵州省科技创新能力与创新阶段的基本判断

贵州省位于中国西南地区的东南部，辖6个地级市和3个自治州，省

会为贵阳市。2012年国发2号文件指出,贵州是我国西部多民族聚居的省份,也是贫困问题最突出的欠发达省份,加快发展是贵州的主要任务。根据全国第六次人口普查,贵州省总人口3474.65万人,其中城镇人口1174.78万人,乡村人口2299.87万人,城市化水平为33.81%,与全国同期相比,低了15.78个百分点,贵州省城市化水平已经严重滞后。

(一)贵州省整体科技进步与全国差距呈拉大趋势

《全国科技进步统计监测报告》是国家科技部自1997年起,每年向全社会定期发布的科技统计监测报告。该报告主要围绕科技进步环境、科技活动投入、科技活动产出、高新技术产业化、科技促进经济社会发展5类指标进行统计与评价,用于反映全国及各地区科技进步的现状、变化特征和发展态势。

该报告将全国31个省(区、市)划分为5类,我们发现,自"十一五"以来,贵州省都属于第4类地区,2012年贵州省排在第4类地区中的倒数第1位,仅高于第5类地区的西藏(表6.1)。

表6.1 2012年综合科技进步水平指数地区分布

分类	综合科技进步水平指数	地区
第1类	高于全国平均水平(60.28%)	上海、北京、天津、广东、江苏、浙江
第2类	50%≤指数<60.28%	辽宁、陕西、湖北、山东、福建、黑龙江、重庆
第3类	40%≤指数<50%	四川、吉林、湖南、安徽、内蒙古、山西、宁夏、甘肃、河南、青海
第4类	30%≤指数<40%	河北、江西、新疆、海南、广西、云南、贵州
第5类	<30%	西藏

同时,根据《全国科技进步统计监测报告(2012)》数据显示,与2011年相比,尽管贵州省综合科技进步水平指数在全国的排位没有变化(第30位),但指数却下降了5.92个百分点,成为全国下降幅度最大的省份,与全国的差距也由2011年的22.68个百分点增加到28.83个百分点,差距进一步扩大。

由图6.1可见,2009年以来贵州省综合科技进步水平都在第30位,2012年贵州省综合科技进步水平指数急剧跌落,与2007年的水平相近。2006—2012年,贵州省综合科技进步水平指数最高为2011年的37.37%,但也仅仅排在全国的第30位,而2007年、2008年贵州省的综合科技进步水平指数均为第 28 名。

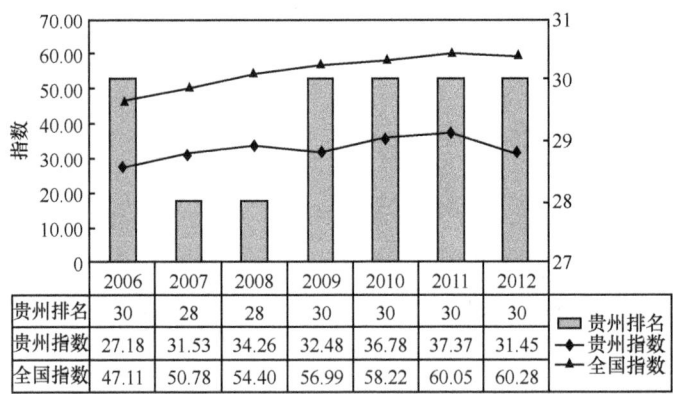

图 6.1 2006—2012 年贵州省与全国综合科技进步水平指数比较

（二）贵州省创新水平在西部地区仍处于较低水平

从区域创新能力综合评价来看，按照由中国科技发展战略研究小组编著的《中国区域创新能力评价报告 2013》显示，在 2013 年的区域创新能力综合指标排名中，贵州省的综合指标效用值为 22.60，在全国排名第 24 位，与 2012 年持平，但与区域创新能力排名第一的东部发达地区的江苏省相比，区域创新能力综合指标值相差高达 34.98。

与西部 5 省（区）的创新能力综合比较来看，近 4 年来，贵州省和西部 4 省（区）（云南省、广西壮族自治区、甘肃省、新疆维吾尔自治区）创新能力效用值及排名比较见表 6.2。

表6.2 西部5省（区）创新能力综合效用值及排名比较

省（区）	指标	年份			
		2010	2011	2012	2013
贵州	效用值	19.00	22.62	20.77	22.60
	全国排名	29	24	23	24
云南	效用值	20.74	21.78	19.37	21.32
	全国排名	25	26	28	27
广西	效用值	22.56	23.41	22.67	23.06
	全国排名	20	22	22	21

续表

省（区）	指标	年份			
		2010	2011	2012	2013
甘肃	效用值	19.83	22.41	19.70	22.20
	全国排名	28	25	27	25
新疆	效用值	20.38	20.81	20.32	20.39
	全国排名	27	28	26	28

从表 6.2 可见，2010 年贵州的创新能力最低，效用值仅 19，排全国倒数第 3 位，分别低于云南、广西、甘肃、新疆 4 位、9 位、1 位和 2 位，效用值分别低 1.74、3.56、0.83、1.38；2011 年，贵州的创新能力又大幅提升，仅低于广西 2 位，效用值低 0.79，分别高出云南、甘肃、新疆 2 位、1 位、4 位，效用值分别高出 0.84、0.21、1.81；2012 年，贵州省创新能力为近 4 年最好成绩，居全国第 23 位；2013 年，贵州省创新能力效用值有所增加，但位次下降，低于广西 3 位。

总之，虽然近几年贵州省科技发展环境明显改善，科技综合实力不断增强，支撑和引领贵州省经济社会发展的能力明显提升，但是贵州省的科技进步和创新能力在全国仍旧处于较为落后的地位，即使是与西部省区相比，也没有竞争优势。

（三）贵州省处于创新驱动发展的起步阶段

从前文分析来看，贵州省科技创新整体实力在全国仍旧处于较为落后的地位，从全省来看，各市（州）也必将处于创新驱动的初级阶段或者追赶阶段。自 20 世纪 80 年代以来，以罗默（Romer P.）、卢卡斯（Lucas R.）等人为代表提出的新经济增长理论，其重要突破是将技术内生化。这种以知识和技术为基础的新经济增长理论，鼓励新知识的积累及知识和技术在经济中的广泛应用，对探寻阻碍欠发达地区经济发展的主要成因并制定具有针对性的发展战略提供了全新的视角和可能的答案。相关的实证研究通过对我国改革开放以来 30 多个省（区、市）经济增长差异的定量分析发现，物质资本增长因素只能解释经济增长差异的 19%，其余 81% 则归于知识因素和结构因素。

因此，对于贵州省各市州而言，由于经济总量和产业水平在全国尚处于较低水平，如果按照经济发展促进科技创新基础能力提升，进而科技创新水平的提升反作用于支撑和引领经济社会发展能力的大幅提升的基本规律来看，贵州省各市州尚处于第一个阶段，尚未达到反哺经济社会发展的高级阶段。所以，积极发展和壮大城市经济实力，通过体制机制创新，加强区域产学研科技合作，才是这类欠发达地区实现后发赶超和跨越式发展目标的重要路径。

二、贵州省9个市（州）创新资源的基本特点

（一）科技研发机构高度集聚

贵阳市作为贵州省的省会城市，是整个贵州省的经济中心，同时也是贵州省科技创新资源中心。2012年，贵州省共有科研机构625个，贵阳市拥有的科研机构数为537个，占全省科研机构总数的85%。其中大中型工业企业创办的科研机构贵阳市拥有40个，遵义市和安顺市均拥有11个，黔西南州和毕节市均为0。

政府技术创新调控体系是政府有关部门通过制定政策、法规及行政规章来发挥其在技术创新中的作用，是城市创新的一个有机组成部分，其本质是为城市创新体系提供优质的制度环境。而目前贵州省各市（州）政府组织能力和领导能力参差不齐，贵阳市和安顺市组织辖区内县（区）全部通过了全国县（市）科技进步考核，而毕节市、黔东南州、黔南州辖区内仅有1个区（县）通过了全国县（市）科技进步考核。全省仅黔东南州和六盘水市所辖县（区）有单设的科技行政管理机构，黔西南州的县（区）科技行政管理机构全部没有恢复单独设置。

高新技术产业开发区和经济技术开发区是欠发达地区吸收和借鉴国内先进科技资源、资金和管理手段，通过优惠政策和各项改革措施，最大限度地把科技成果转化为现实生产力的集中区域，通过辐射、示范和带动作用，成为城市创新的重要增长极。贵州省仅拥有贵阳高新区这一家国家级高新技术产业开发区，拥有5家国家级高新技术产业化基地，其中4家在贵阳，1家在遵义；仅有1家国家级高技术产业基地，坐落在安顺市；拥有国家级经济技术开发区3家，其中2家坐落在贵阳市，1家坐落在遵义市。

（二）科技创新人力和财力资源的地域不平衡性较为突出

城市创新需要高层次科技人才支撑，每万人大专以上学历人数和每万人

科技活动人员数反映了城市科技人才的储备状况及进行持续创新拥有的潜力。2012年，贵州省9个市（州）中，每万人大专以上学历人数贵阳市最多，高达2089.62人，其次是铜仁市879.57人，毕节市最少为250.85人，其余6个市（州）均为450人左右。每万人科技活动人员数指标中，贵阳市、安顺市和遵义市位列前3名，分别为83.71人、31.85人和15.05人，其余市（州）均低于10人（图6.2）。

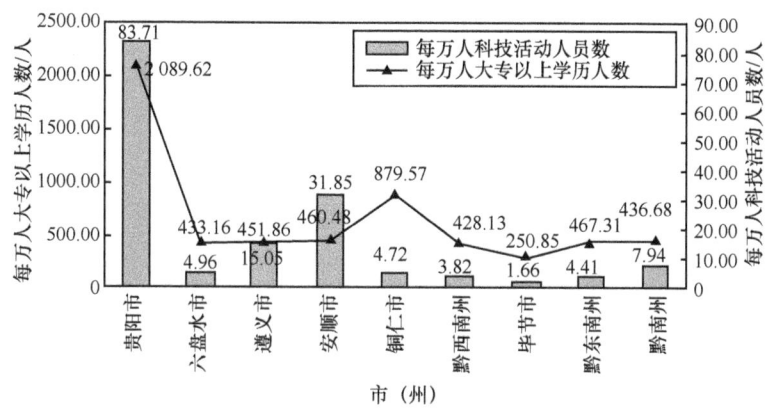

图6.2　2012年贵州省各市（州）每万人大专以上学历人数和每万人科技活动人员数

贵州省生产力发展不平衡，经济落后的市（州）创新风险的承受能力较弱，更难承受的是科技创新的研究开发周期较长而且难以确定，这与其加快经济发展、尽快缩小与经济发展较好市（州）差距的迫切要求是相违背的，因此，不可能投入足够的经费去进行创新。2012年，安顺市全社会R&D经费支出占地区生产总值的比重为1.64%，居全省首位，贵阳市虽然R&D经费支出绝对量最高，为22.87亿元，但是由于地区生产总值也较高，因此全社会R&D经费支出占地区生产总值的比重为1.34%，位居第二，遵义市为0.59%，位居第三，黔南州和黔西南州分别以0.22%和0.13%紧随其后，其余市（州）均未达到0.1%。贵阳市政府对科技创新活动的支持力度最大，2012年贵阳市科学技术支出占公共财政预算支出的比重高达1.89%，其次是遵义市0.93%，铜仁市最低为0.26%，其余市（州）维持在5%左右。

（三）科技创新能力与经济发展水平呈正相关

贵州省各市（州）科技创新能力呈现与其经济发展水平正相关的关系。万人专利授权量是衡量城市创新能力、实力和水平的重要指标，2012年，贵州省万人专利授权量前三名分别为贵阳市、遵义市和安顺市，其数值分别达到 6.43 件、2.07 件和 1.38 件，其余 6 个市（州）均未达到 1 件（图 6.3）。

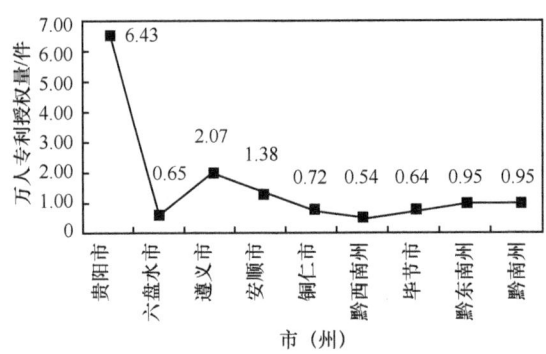

图 6.3　2012 年贵州省各市（州）万人专利授权量

企业是城市创新的主体。企业技术创新是城市技术创新体系中的关键环节，它体现在知识的学习、生产、扩散和应用的全过程。但是，企业的发展需要整个产业链的配套，因此经济发展实力强的市（州）是技术密集型企业的最佳选择。2012 年，贵州省共拥有高新技术企业 197 家，其中贵阳市、遵义市和安顺市分别为 127 家、39 家和 11 家，三者之和高达 177 家，占贵州省高新技术企业总和的 89.85%，铜仁市居末位，仅有 1 家高新技术企业。

城市创新的最终目的是为了更好地驱动城市经济发展，提高生产效率和能源使用效率。其中，综合能耗产出率能够衡量能源的使用效率，是反映依靠科技创新提高能耗使用效率的重要指标，2012 年，遵义市和贵阳市的综合能耗产出率维持在 0.85 吨标准煤/万元左右，六盘水市最低，仅为 0.41 吨标准煤/万元，表明越是能源较为丰富的城市，其能源的使用效率就越低。

三、当前存在的突出问题与资源布局特征

（一）存在的突出问题

1. 贵州省的创新投入与发达地区差异较大

由于经济、社会、历史等原因，贵州省的高等教育水平较低，而且相对较小的经济规模使得贵州省技术创新活动举步维艰，因此，R&D 投入规模相对较弱。据统计，2011 年全国 R&D 投入强度为 1.84%，超过 1.00% 的有 17

个地区，多为经济发达的地区，贵州省R&D投入强度仅为0.64%，仅为全国水平的1/3左右。

2. 企业的技术创新主体地位尚未真正确立

贵州省相当一部分大中型企业依然没有建立起稳定的技术开发机构，除少数较好的企业外，多数企业对创新的投入不够，对研究开发还不够重视，技术开发能力比较薄弱，没有形成自己的核心技术，缺少真正的自主创新。虽有一批自主创新的典型企业，但总体上没有形成一个全面的创新主体体系，骨干企业在技术创新方面的示范效应还不明显。

3. 科技创新的社会支撑服务体系尚未建立

贵州省高校、科研院所与企业之间尚未建立长期、稳定和紧密的合作和联系，系统要素之间的知识和技术的流动渠道不畅通，科技成果转化率不高。政府在技术创新中的调控机制和体系发挥的作用有待于进一步增强，不能在政策环境中有所突破和创新。中介机构发展缓慢，导致其促进企业间网络联系、产学研相结合的纽带作用不能完全发挥，无法有效地支持企业自主创新。

（二）以"贵—遵—安"为核心的创新资源集聚区

通过上述分析可以看出，贵州省城市创新资源分布呈现"中心—腹地—节点"的网络格局，即以贵阳市为中心，遵义市和安顺市为腹地，其他各市（州）形成资源网络节点，以"贵—遵—安"城市体系为核心的"创新三角区"。

贵阳市作为贵州省城市创新资源的中心，具有绝对的科教优势、广阔的市场潜力和雄厚的资金实力，最新的科技成果不断呈现并被转化，增强了其对科技资源腹地的吸引力和辐射力；随着贵阳市高新技术产业和战略性新兴产业的发展，加快了产业转换及产品与技术向广大腹地扩散的速度，为腹地的城市创新输送了新的创新活力。同时，技术创新也改善和加强了腹地和网络节点之间的联系，促进了它们的发展，集中体现在技术创新对创新资源流动基础设施条件的改善，从而使各种资源交互和信息传递的速度加快，空间结构的各种关系变得更加紧密。

贵州省作为欠发达地区，并没有像发达地区那样通过创新资源聚集的城市（中心城市）充分发挥正向的外部效应，促使周边的城市以更低的成本和更短的时间获得相同的创新技术，从而加快缩短城市之间在技术水平上的差距。因此，如何充分发挥制度建设、体制机制、区域科技合作等方面的后发优势，相互借鉴创新体制和激励政策等方面的经验及教训，避免或减少制度建设方面的试验成本，同时也可以缩短制度、政策创新的时间，最终达到各城市之间较高科技创新能力的"均衡"，从而可以有效避免区域创新网络格局中各类型城市间差距越来越大，地位和角色愈发强化和固化的不均衡现象出现。

四、城市创新的路径选择

（一）外部创新资源驱动是城市创新驱动起步阶段的初动力

贵州省作为欠发达地区，各市（州）财政支出中科学技术支出近几年稳定在较低的水平，2012年公共财政预算支出中科技支出的比重以贵阳市为最高，但也仅为1.89%，其他8个市（州）均未达到1%。因此，争取外部资源驱动无疑是最优的路径选择。

通过外部资源驱动城市技术创新，带动相关产业的发展，加快推进本地工业化进程。一方面，努力争取国家科技资源支持。2013年贵州省获国家支持4.13亿元，其中获国家创新基金项目立项191项、资金1.21亿元，资金支持比去年增长了16.31%，在西部12个省（区、市）中列第3位；获国家自然科学基金项目立项241项、资金1.16亿元，比去年增长了10%。其中，贵阳高新区争取到科技部、财政部2012年度第一批科技型中小企业技术创新基金32项，共争取国家无偿资助资金1825万元，培育和壮大了科技型中小企业群体，激活和促进企业持续创新，加快了高新区产业结构整体优化，以及新兴产业和高新技术产业化进程。建立了稳定的获取国家科技资源支持的渠道。2013年8月，省政府与科技部围绕贵州经济社会发展，在贵阳举行了第二轮省部工作会商，双方提出了"产业园区发展、现代农业发展和生态环境建设"三大会商议题，确定了政策试点、创新平台、重大项目等方面的67个项目。目前，科技部已建立督办制度，把各项任务分解到有关司局进行督办。科技部部长万钢在省部会商会议上表示，力争在下一轮合作中把科技投入翻一番，并由科技部协调东部发达地区的高新区对口帮扶贵州省8个市（州）产业园区。另一方面，积极开展跨地区的科技合作。例如，贵阳市通过建设首都科技条件平台贵阳合作站，已将第一批46个技术需求通过首都科技条件平台与北京市相关科技资源进行了对接洽谈，实现了北京高校、科研院所、大型企业的科技资源与贵阳科技型企业的技术需求的有效对接。

（二）发展"适宜技术"是欠发达城市的现实与可行选择

适宜技术是指在一定发展阶段和一定成本条件下能够使区域经济快速发展的技术。欠发达市（州）要大力发展"适宜技术"，追求技术创新并不是技术越"高新"越好，技术创新要产生效率和效益必然会受到所在区域的生产要素、资源禀赋结构及相关方面条件的制约。贵阳市作为科技资源中心城市，以装备制造和高新技术为主进行产业研发，遵义市则侧重于白酒和有色金属，矿产资源较为丰富的六盘水市以冶金、煤化工为主导产业，黔南州、黔东南州和黔西南州则较为重视民族医药和特色食品，各个市（州）围绕具有区域比较优势的主导产业进行技术突破，对传统产业进行改造升级，着力提升本区域的产业竞争力，这是由欠发达市（州）创新资源特点与经济发展水平的阶段性决定的。

（三）加强中小企业创新平台建设

中小企业作为欠发达市（州）经济发展的潜在依托，通过创新平台建设，激活中小企业创新资源和加强创新成果在中小企业转化，对于经济后发赶超具有重要的意义；而科技创新平台是区域科技创新体系的重要基础，是推动企业成为创新主题的重要载体，是激活创新资源的重要措施，是加强创新成果不断转化的有效途径。为此，贵州省从"两加一推""同步小康"的严峻形势出发，依靠科技创新促进经济转型和产业升级势在必行。2013年，贵州省认定了4家"省级科技企业孵化器"，全省孵化面积达到142.37万平方米，新建了1个国家级、25个省级工程技术研究中心、重点实验室、农业科技示范园区等创新平台及载体，并规划布局了19家生产力促进中心，进一步完善了"省、市(州)、县(区)"三级生产力中心建设体系，通过建立完善的科技创业、中介、科技融资平台，优化公共科技服务机构的结构，构建了具有较强竞争力的现代创新平台体系，推进产学研深入合作和成果转化，帮助中小型企业提高创新能力，最大限度地发挥现有创新要素的作用，使其科技创新平台更有效地服务于企业，真正发挥创新平台对推动产业优化升级、提高自主创新能力的重要作用。

针对中小企业的科技创新，贵州省各市（州）均建立了面向中小企业技术创新和技术转移的公共服务平台，推动大型仪器、科技文献等创新资源向中小企业开放，通过组织和支持科研院所、高等学校的科技人员到中小企业担任首席工程师或科技特派员，搭建了高层次科技人才服务中小企业平台。贵州省各市（州）均建立了中小企业服务中心，全省建立了 21 个公共服务平台，为中小企业在产品研发、技术创新等方面提供服务。遵义市不仅搭建了银政企合作平台服务中小企业，还整合资源组建了国家级示范生产力中心——遵义市生产力促进中心，中小企业服务区域从遵义市拓展到黔南州、黔东南州、铜仁市。遵义市还加强与区域内外科研机构及技术性强的企业之间的合作，针对中小企业发展中的关键共性技术，先后与 20 多家大学和科研机构、100 多位专家学者建立了紧密的联系与合作。这不仅解决了欠发达地区技术创新资源的不足，争取更多的技术创新机遇，而且可加快科技成果向现实生产力的转化。

（四）着眼优势资源型产业推进产业技术研发

据测算，贵州省煤炭保有资源总量 797.5 亿吨，磷、铝土等矿产资源保有量分别为 34.4 亿吨和 6.3 亿吨，分别占全国总量的 40% 和 20%。贵州省结合自身资源优势，大力推进煤电磷、煤电铝、煤电钢、煤电化"四个一体化"的整体科技创新支撑，结合贵州省区域产业的需求，以企业为主体，集聚省内外相关领域专业技术人才申报了一批"四个一体化"产业领域国家 863 和支撑计划项目。突出高端装备、资源开发利用和精深加工、中药民族药等高新技术产业领域，制定并发布了"磷化工、汽车零部件"两个产业（产品）技术路线图，进一步提炼产业关键技术，推动产业链的形成、延伸和产业集群化发展。2013 年，"黔南磷煤化工高新技术产业化基地"上升为国家级，对推动贵州省磷化工产业技术进步与创新，调整产业结构，转变经济发展方式，促进区域经济发展具有重要意义。

（五）重点支撑特色现代农业的发展

贵州是我国唯一没有平原支撑的省份，需要充分利用气候、资源、生物多样性的特点发展特色农业，提高农业的科技支撑能力逐渐成为贵州省农业发展的新引擎。贵州省为充分发挥科技在保障粮食安全及主要农产品供给中的支撑作用，引领农业产业结构调整，实施了"现代农业科技支撑工程"，通过加强主要农作物品种和栽培技术研究与示范，促进粮食增产增收；攻关农业特色产业发展关键技术研究与示范，促进农业产业结构调整；加强农业领域高新技术研究与示范,推动现代农业发展。推进农业科技园区建设,示范带动作用得到发挥;重视农村人才建设工作,推进农村科技特派员试点工作,促进农村科技服务体系建设。2013年,贵州省90%以上的县(市、区)发生不同程度的干旱,由科技项目长期支持育成的玉米等抗旱耐瘠品种,比不抗旱品种的产量高15%以上,显示出了科技抗旱的较大优势。特别是马铃薯周年上市鲜薯栽培技术,实现新增产值7500万元;贵州省自主研发的3个中药民族药获新药证书和临床批件,并实现产业化,预计上市后可实现年产值2亿元。毕节市在毕节国家农业科技示范园区范围内搭建多功能信息服务与管理平台,集成专家在线咨询、智能语音、多媒体学习培训等多种信息应用系统,开展信息服务与技术培训。

(六)积极营造和优化创新创业的政策环境

积极营造科技创新创业环境。首先,推动科技和金融紧密结合、联动发展。科技与金融结合是变革生产生活方式的强大动力,也是促进科技成果转化、催化创新经济、培育战略性新兴产业的重要举措。贵州省在借鉴东部发达地区好的做法基础上,探索出创新金融服务科技业务的新模式,提出了后补助、资本金注入、贷款贴息、科技保险等多种支持方式,着力打通从小试到产业化的科技支撑链条。2013年挂牌成立了首家省级"科技支行",为解决科技型中小企业融资难题,开辟了一条政银合作的新路。推广完善"四台一会"贷款合作机制,为贵阳、惠水长田工业园区等6家企业提供融资服务,预计融资额度达4500万元以上。其次,支持以企业为主体的技术创新体系建设。2013年,全省认定了57家企业申报的289个项目,技术研发费用达7亿元,极大地鼓励了企业投入科技创新的积极性,组织开展了科技型中小企业创新创业大赛,加大对小微企业创新发展的支持,带动了高校毕业生的创业就业。最后,高层次科技人才是区域发展的核心竞争力。2013年,贵州省通过搭建高层次人才平台,在企业和科研院所布局建设了第三批4家贵州省院士工作站,引进了4名院士及团队,确定第六批科技创新人才团队35个,选拔了50名在科研、成果转化上取得成绩和具备发展潜力的青年科技人才为第九批优秀青年科技人才培养对象,将省高层次创新型科技人才培养计划与国家创新人才培养计划有机结合,进一步营造良好的人才创新创业环境。2013年,贵阳市扎实推进"1020"创业人才引进计划,培养、引进科技人才106名,同时引进科技人才团队8支。

第7章
发达地区城市创新实证研究
—— 基于长三角城市群的案例分析

本章从社会经济、文化特征及创新资源配置、创新模式、创新机制等视角，对长三角地区城市群的创新绩效与能力进行了实证分析，剖析了影响与制约城市创新能力的因素，并将长三角与京津冀、珠三角城市群的创新举措和绩效进行了比较分析，探求以城市为载体，促进区域协同创新的若干路径与对策。

一、长三角城市群的范围界定

长江三角洲位于我国东部沿海、沿江发达地带交汇部，区位优势突出，经济实力雄厚。传统的长三角地区包括上海、江苏南部和浙江北部，2008年，《国务院关于进一步推进长三角洲地区改革开放和经济社会发展的指导意见》把长三角地区边界扩大到江苏、浙江的全省，范围由最初的上海、江苏南部和浙江北部，发展到江苏、浙江两省的全省范围和安徽省主要城市，即上海、江苏、浙江和安徽三省一市。目前，长三角城市群的土地面积约占全国的3.6%，2012年年末常住人口约占全国的16.1%，经济总量接近全国的1/4[①]。其中，长三角城市群以上海为中心，南京、杭州为副中心，城市群包括上海，江苏的南京、苏州、无锡、徐州、镇江、扬州、南通、泰州、淮安、盐城、连云港、宿迁、常州，浙江的杭州、宁波、嘉兴、湖州、绍兴、

---

① 王振.2013长三角地区经济发展报告[M].上海:上海社会科学出版社，2013.

台州、金华、温州、丽水、衢州、舟山,安徽的合肥、滁州、马鞍山、芜湖、淮南(表7.1),以沪杭、沪宁高速公路及多条铁路为纽带,形成一个有机的整体①。

表7.1 长三角城市群范围

地区	主要城市
上海	上海
江苏	南京、苏州、无锡、徐州、镇江、扬州、南通、泰州、淮安、盐城、连云港、宿迁、常州
浙江	杭州、宁波、嘉兴、湖州、绍兴、台州、金华、温州、丽水、衢州、舟山
安徽	合肥、滁州、马鞍山、芜湖、淮南

二、长三角城市群经济社会发展水平比较分析

城市群的崛起将为中国经济发展带来强大的动力。目前,我国已形成的城市群中,珠三角城市群、长三角城市群、京津冀城市群发展相对完善与成熟,成为中国区域经济发展的主力军。在这三大城市群中,珠三角城市群最为成熟,长三角城市群次之,京津冀城市群第三。相比较而言,长三角城市群是我国经济实力最强、产业规模最大的三角洲,是中国最大的经济核心区和最大的城市连绵带,也是世界上各大河三角洲人口数量最多、密集度最高和城市数量最多的地区②。长三角城市群以国际化的上海为中心,社会经济状况发展程度较高,这些良好的资源禀赋为长三角城市群的科技创新提供了基础。

(一)长三角区域社会发展概况

1. 人口密度和从业人员数量最高

从长三角城市群社会发展程度来看,2012年,长三角区域年末常住人口为21 765.43万人,土地面积为350 140.5平方千米,长三角城市群以占全国3.65%的土地面积,聚集着全国近16.07%的常住人口,提供了全国17.96%的从业机会,从业人数达到13 773.07万人;人口密度为622人/平方千米,每平方千米吸纳就业人数为393人。相比较而言,长三角城市群的土地面积要远大于珠三角和京津冀,但其人均土地面积仅为16.09平方千米,小于京津冀城市群的20.09平方千米和珠三角城市群的16.95平方千米。与此同时,

---
① 参考百度百科城市群包含的城市。
② 张颢瀚.长江三角洲一体化进程研究——发展现状、障碍与趋势[M].北京:社会科学文献出版社,2007.

长三角是三大城市群中就业人口最密集的地方,年末从业人员数是京津冀和长三角的 2 倍多(表 7.2)。

表7.2 2012年全国三大城市群人口、土地资源与城市化水平状况

地区		土地面积/平方千米	占全国比重/%	人均土地面积/(平方千米/万人)	年末常住人口/万人	占全国比重/%	年末从业人员数/万人	占全国比重/%	城市化率/%
全国		9 600 000	100	70.90	135 404	100	76 704	100	52.6
长三角	合计	350 140.5	3.65	16.09	21 765.43	16.07	13 773.07	17.96	61.4
	上海	6340.5		2.66	2380.43		1115.50		89.3
	江苏	102 600.0		12.95	7919.98		4759.53		63.0
	浙江	101 800.0		18.59	5477.00		3691.24		63.2
	安徽	139 400.0		23.28	5988.00		4206.80		46.5
京津冀	合计	216 417.7	2.25	20.09	10 770.00	7.95	5996.10	7.82	56.4
	北京	16 807.8		8.12	2069.30		1107.30		86.2
	天津	11 916.9		8.43	1413.20		803.10		62.1
	河北	187 693.0		25.76	7287.50		4085.70		46.8
珠三角	合计	179 612.0	1.87	16.95	10 594.00	7.82	5965.95	7.78	67.4

从另外两个城市群来看,珠三角城市群土地面积占全国比重为 1.87%,常住人口占全国比重为 7.82%;从业人员数占全国比重为 7.78%,人口密度为 590 人/平方千米,每平方千米吸纳就业人数为 332 人,高于京津冀城市群。从横向比较来看,珠三角城市群所涵盖的土地面积比长三角和京津冀要少,但人均土地面积高于长三角城市群,少于京津冀城市群;同时,珠三角城市群的城市化率高于长三角和京津冀。

京津冀城市群所覆盖土地面积占全国比重为 2.25%,人均土地面积为 20.09 平方千米,仅为全国平均水平的 28.34%;其年末常住人口占全国比重为 7.95%;从业人员数占全国比重为 7.82%,密度达到了 498 人/平方千米,每平方千米吸纳就业人数为 277 人。比较而言,京津冀城市群的人均土地面积是三大城市群中最高的,但土地总面积要小于长三角城市群,高于珠三角城市群;年末常住人口总数与珠三角相当,但仅为长三角城市群的 1/2。从吸纳就业人数来看,也仅为长三角城市群的 43.53%。

2. 整体城市化率在全国处于较高水平

近年来，随着沿海开放战略的深入推进，长三角城市群的城市化建设十分迅速。统计数据显示，2012年，长三角区域的城市化率整体上达到了61.4%，其中上海达到了89.3%，江苏为63.0%，浙江为63.2%，安徽仅为46.5%。与全国和其他2个城市群相比，长三角的城市化率总体上高于全国平均水平，但低于珠三角，高于京津冀。其中，上海市的城市化率水平高于北京市。除安徽外，上海、江苏和浙江的城市化水平均取得快速提升，均大大高于全国平均水平。

从其他城市群来看，2012年，珠三角区域整体城市化率达到67.4%，不但高于全国平均水平，也高于长三角和京津冀，是三大城市群中城市化率最高的区域。京津冀的整体城市化率达到56.4%，虽然高于全国平均水平，但与长三角和珠三角相比，仍处于相对较低水平。其中，北京市的城市化率达到86.2%，天津市的城市化率为62.1%，而河北省的城市化水平仅为46.8%，拖累了京津冀的整体水平。

此外，从表7.2还可以看出，区域人均土地面积与城市化呈反比的关系，即城市化率越高的地方，人均土地面积越少，这表明城市的聚集程度较高，城市经济发展水平越高，人口密度越大。其中，最突出的是上海市的城市化率达到了89.3%，为全国城市化率最高的区域，但其人均土地面积仅为2.66平方千米，是北京的32.76%、天津的31.55%、江苏的20.54%、浙江的14.31%、安徽的11.43%。与全国其他地方相比，上海的人口集聚度都是最高的，但上海的经济发展速度和效率也是最高的。基于江苏、浙江及安徽各地相对充足的人均土地面积和较低的城市化发展水平，可以预见未来长三角区域仍然是我国经济发展具有潜力的地方，同时其城市化发展空间也依然巨大。

3. 长三角城市群内部发展水平相对较均衡

从长三角城市群各个城市的城市化率来看，30个城市中超过全国平均水平的有27个，占到90%以上，这充分说明长三角区域是我国城市化率最高的区域之一。与此同时，除上海、南京、杭州、无锡、苏州的城市化水平较高，分比达到89.3%，80.2%，74.3%，72.9%，72.3%以外，其他区域都基本在60%左右，城市之间的差距相对较小，城市化发展相对较均衡。在这30个城市中，土地面积较大的城市分别为浙江丽水（17 324平方千米）、江苏盐城市（16 972平方千米）、浙江杭州（16 571平方千米）、安徽滁州（13 523平方千米）、浙江温州（11 786平方千米）。而吸引和容纳的常住人口较多的是上海 2380.43 万人，苏州 1054.91 万人，徐州 856.41 万人，南京 816.10 万人，温州 800.21 万人。从业人员最多的 5 个城市分别是上海 1115.5 万人，苏州 694.3 万人，杭州 644.4 万人，温州 577.9 万人，宁波 501.6 万人（表 7.3）。

表7.3 长三角城市群人口土地资源状况

地区	城市	土地面积/平方千米	年末常住人口/万人	年末从业人员数/万人	城市化率/%
上海	上海	6340	2380.43	1115.5	89.3
江苏（13）	南京	6587	816.10	451.8	80.2
	无锡	4627	646.55	389.1	72.9
	徐州	11 259	856.41	478.7	56.7
	常州	4372	468.68	280.9	66.2
	苏州	8488	1054.91	694.3	72.3
	南通	8001	729.73	468.9	58.7
	连云港	7615	440.69	249.2	54.4
	淮安	10 072	480.30	280.4	53.5
	盐城	16 972	721.63	447.7	55.8
	扬州	6591	446.72	265.8	58.8
	镇江	3847	315.48	192.0	64.2
	泰州	5787	462.98	284.4	57.9
	宿迁	8555	479.80	276.4	51.0
浙江（11）	杭州	16 571	700.52	644.4	74.3
	宁波	9816	577.71	501.6	69.4
	嘉兴	3915	344.52	327.1	55.3
	湖州	5820	261.38	180.3	55.1
	绍兴	8256	440.83	343.9	60.1
	舟山	1455	97.18	72.9	65.3
	温州	11 786	800.21	577.9	66.7
	金华	10 942	470.63	343.5	61.4
	衢州	8845	252.83	133.4	46.6
	台州	9411	590.95	389.3	56.9
	丽水	17 324	262.59	139.2	52.5

续表

地区	城市	土地面积/平方千米	年末常住人口/万人	年末从业人员数/万人	城市化率/%
安徽（5）	合肥	7055	757.20	476.2	66.4
	滁州	13 523	394.50	276.7	45.1
	马鞍山	1684	219.50	127.3	61.2
	芜湖	3317	357.80	195.9	58.0
	淮南	2585	233.90	138.1	65.3

（二）长三角区域经济发展状况

1. 长三角城市群总体经济发展水平位于全国前列

长三角城市群作为中国三大城市群之一，经济实力在全国一直处于领先水平。统计数据显示（表7.4），2012年，长三角城市群GDP总量达126 117.32亿元，占全国GDP总量的24.30%，高于京津冀和泛珠三角2个城市群GDP总量之和。长三角城市群人均GDP达到57 944元，比全国平均水平高出19 524元，高于京津冀城市群。此外，三省一市中，上海作为直辖市，其GDP高于北京、天津，人均GDP是全国平均水平的2倍多。江苏省GDP总量与广东省相近，但远高于北京、天津和河北二市一省；浙江省的GDP总量小于广东省，但也远高于北京、天津和河北二市一省；安徽总量虽然小于广东省，但与北京和天津相近。从人均GDP来看，江苏省和浙江省均低于北京、天津，但要高于河北省和广东省。

表7.4　2012年三大城市群经济总体发展水平

地区		GDP总量/亿元	占全国GDP比重/%	人均GDP/元
全国		518 942.10	—	38 420
长三角	长三角	126 117.32	24.30	57 944
	上海	20 181.72	3.89	85 373
	江苏	54 058.22	10.42	68 347
	浙江	34 665.33	6.68	63 374
	安徽	17 212.05	3.32	28 792

续表

地区		GDP总量/亿元	占全国GDP比重/%	人均GDP/元
京津冀	京津冀	57 348.30	11.05	53 248
	北京	17 879.40	3.45	87 475
	天津	12 893.90	2.48	93 173
	河北	26 575.00	5.12	36 584
珠三角	珠三角	64 016.96	12.34	99 206
	广州	13 697.91	2.64	105 909
	深圳	13 319.68	2.57	123 247
	珠海	1536.74	0.30	95 471
	佛山	6677.17	1.29	91 259
	惠州	2407.01	0.46	50 873
	东莞	5095.96	0.98	60 557
	中山	2482.58	0.48	77 527
	江门	1899.14	0.37	42 028
	肇庆	1477.78	0.28	36 864
	香港	12 692.61	2.45	177 517
	澳门	2730.38	0.53	485 401

数据来源：《广东统计年鉴2013》，《香港统计年刊2014》，《澳门统计年鉴2013》。

2. 经济复苏势头强劲，但呈波动增长态势

从三省一市的整体发展态势来看，2006—2012年，上海、浙江、江苏和安徽的GDP总量和人均GDP均呈连续增长态势，但受金融危机影响，中间呈现较大波动，但经过产业结构调整和转型升级，经济得到快速复苏。其中，2006—2008年，除上海市以外，江苏、浙江和安徽三省GDP总量均保持两位数增长态势，其中安徽省GDP增速最高，均在20%以上；2009年以后，受国际金融危机影响，长三角区域整体的经济增速均呈放缓态势。尤其是浙江省和上海市，因经济对外储存度较大，GDP增速下降到7%以下；而安徽、江苏两省从金融危机中恢复的速度较快，基本保持在10%以上的增长幅度（表7.5、图7.1）。

第7章 发达地区城市创新实证研究
——基于长三角城市群的案例分析

表7.5 长三角区域人均GDP变化情况

年份	上海 人均GDP/元	上海 增长率/%	江苏 人均GDP/元	江苏 增长率/%	浙江 人均GDP/元	浙江 增长率/%	安徽 人均GDP/元	安徽 增长率/%
2006	54 858		28 526		31 241		9 995.9	
2007	62 040	13.09	33 837	18.62	36 676	17.40	12 039.5	20.44
2008	66 932	7.89	40 014	18.26	41 405	12.89	14 448.2	20.01
2009	69 165	3.34	44 253	10.59	43 842	5.89	16 407.7	13.56
2010	76 074	9.99	52 840	19.40	51 711	17.95	20 887.8	27.30
2011	82 560	8.53	62 290	17.88	59 249	14.58	25 659.3	22.84
2012	85 373	3.41	68 347	9.72	63 374	6.96	28 792.3	12.21

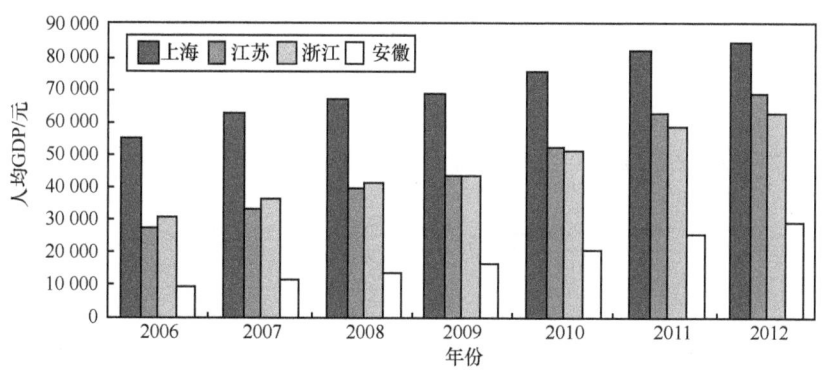

图 7.1 2006—2012 年长三角区域三省一市人均 GDP 变化

从单个省市的表现来看，2006—2012 年，上海市人均 GDP 呈持续增长态势，但波动幅度较大，且其增长率呈下降趋势，尤其是 2009 年和 2012 年，同比增幅仅为 3.34% 和 3.41%。江苏省、浙江省和安徽省的人均 GDP 增长率基本保持两位数，但受外贸出口影响，浙江省波动幅度较大，2009 年和 2012 年增长率仅为 5.89%、6.96%；江苏省人均 GDP 的年增长率基本在 10% 以上；安徽省虽然起点较低，但后发优势很强，年均增长率基本在 20% 左右，呈现强劲的增长态势，但与上海、江苏和浙江相比，其人均 GDP 仍有 2 倍以上的差距，2012 年人均 GDP 为 28 792.3 元，仅为全国平均水平的 74.94%（表 7.5、图 7.1 和图 7.2）。

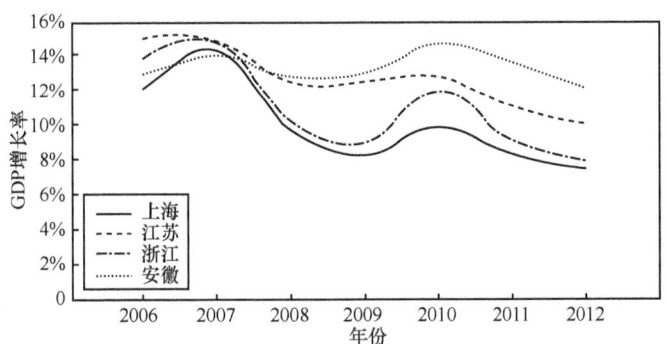

图 7.2　2006—2012 年长三角区域三省一市 GDP 增长率变化

3. 区域各城市经济发展水平差距较大

长三角城市群共有 30 个城市，其中，上海、南京、江苏、杭州、无锡、宁波六大城市的 GDP 和人均 GDP 均居于所有城市群前列，GDP 总量合计达到 61 347.31 亿元，占长三角城市群 GDP 的 48.64%。即以仅占长三角城市群 1/5 的城市数量占据近 1/2 的经济总量，这说明长三角地区经济集聚程度较高，区域内部经济发展不平衡的情况较为严重。例如，GDP 总量最高的上海市与 GDP 总量最低的淮南市，二者 GDP 总量相差 25 倍；与此同时，人均 GDP 最高的城市无锡市，为人均 GDP 最低的城市宿迁市的 3.69 倍（表 7.6）。

表 7.6　2012 年长三角城市群经济与产业发展现状

地区	城市	GDP总量/亿元	人均GDP/元	三次产业占GDP比重/%			投资产出率
				第一产业	第二产业	第三产业	
上海	上海	20 181.72	85 373	0.6	39.0	60.4	3.84
江苏	南京	7201.57	88 525	2.6	44.0	53.4	1.58
	无锡	7568.15	117 357	1.8	53.0	45.2	2.09
	徐州	4016.58	46 877	9.5	49.0	41.5	1.50
	常州	3969.87	85 040	3.2	52.9	43.9	1.51
	苏州	12 011.65	114 029	1.6	54.1	44.2	2.34
	南通	4558.67	62 506	7.0	53.0	40.0	1.58
	连云港	1603.42	36 470	14.5	45.9	39.6	1.25
	淮安	1920.91	39 992	12.9	46.3	40.8	1.54
	盐城	3120.00	43 172	14.6	47.2	38.2	1.61
	扬州	2933.20	65 691	7.0	53.0	40.0	1.64
	镇江	2630.42	83 651	4.4	54.0	41.6	1.75
	泰州	2701.67	58 378	7.1	53.1	39.8	1.86
	宿迁	1522.03	31 827	14.9	47.1	38.0	1.48

续表

地区	城市	GDP总量/亿元	人均GDP/元	三次产业占GDP比重/%			投资产出率
				第一产业	第二产业	第三产业	
浙江	杭州	7802.01	111 758	3.3	45.8	50.9	2.10
	宁波	6582.21	114 065	4.1	53.4	42.5	2.27
	嘉兴	2890.57	84 080	5.2	55.5	39.3	1.76
	湖州	1664.30	63 714	7.4	53.3	39.4	1.71
	绍兴	3654.03	82 966	5.1	53.7	41.2	2.12
	舟山	853.18	87 883	9.7	44.9	45.4	1.50
	温州	3669.18	45 906	3.1	50.5	46.4	1.74
	金华	2710.77	57 694	5.0	49.6	45.4	2.41
	衢州	972.25	38 476	8.2	53.1	38.7	1.72
	台州	2911.26	49 438	6.9	48.8	44.3	2.34
	丽水	894.10	34 132	8.9	50.3	40.8	1.89
安徽	合肥	4164.34	55 186	5.5	55.3	39.2	1.04
	滁州	970.70	24 650	19.8	52.3	27.9	1.10
	马鞍山	1 232.00	56 306	5.9	66.4	27.7	1.03
	芜湖	1873.63	52 453	6.3	65.9	27.8	1.10
	淮南	781.80	33 489	7.8	64.0	28.2	1.22

注：投资产出率=地区GDP/固定资产投资总额。

4. 区域内经济发展绩效整体较强，但内部差距较大

投资产出率可用来反映固定资产投资的科技水平和投资结构优化情况。统计数据显示（表7.7），2012年，长三角地区整体投资产出率为2.03，略高于京津冀地区（1.97），但低于珠三角地区（2.96），说明长三角地区经济发展投入产出绩效整体较强。就三省一市而言，2012年，上海市投资产出率为3.84，远远高于长三角地区的总体水平，同时也高于北京市和广州市的投资产出率。江苏、浙江和安徽的投资产出率分别为1.70、2.03、1.14，与上海差距较大。其中，安徽的投资产出率最低，与上海的差距为3倍多。就各城市而言，除上海市外，无锡、苏州、杭州、宁波、绍兴、金华、台州7个城市的投资产出率均大于2，投资产出率较高；投资产出率最低的城市均集中在安徽省内。因而，同经济发展水平一样，长三角城市群内部各个城市之间的经济投入产出绩效也存在较大差距。

与此同时，劳动生产率是反映经济发展方式由数量型向质量型的转变的指标，其高低主要取决于科技进步的状况。从三大城市群劳动生产率的比较来看（表7.7），2012年，长三角劳动生产率为108 630元/人，低于京津冀的130 443元/人。就内部而言，中心城市上海市的劳动生产率为180 920.84元/人，是全国劳动生产率平均水平的2.67倍。江苏省和浙江省劳动生产率分别为113 578.9元/人和93 912.43元/人，均高于全国平均水平（67 704.68元/人）。安徽省劳动生产率为40 914.83元/人，低于全国平均水平，仅占上海、江苏和浙江劳动生产率的22.61%、36.02%和43.5%。

表7.7　2012年三大城市群经济效益主要指标

地区		投资产出率	劳动生产率/（元/人）
全国		1.42	67 704.68
长三角	长三角	2.03	108 630.00
	上海	3.84	180 920.84
	江苏	1.70	113 578.90
	浙江	2.03	93 912.43
	安徽	1.14	40 914.83
京津冀	京津冀	1.97	130 443.00
	北京	2.93	161 468.00
	天津	1.62	164 641.00
	河北	1.36	65 221.00
珠三角	珠三角	3.32	167 279.28
	香港	3.39	31 190.46
	澳门	2.02	24 032.68
	广东（9市）	3.41	198 316.67

注：全员劳动生产率＝工业增加值/全部从业人员平均人数。

（三）长三角区域产业发展结构

1. 内部产业结构进一步优化，三产占比不断提升

从长三角区域产业发展结构来看，2003—2012年，长三角地区表现出一二产业比重持续下降，第三产业比重持续上升的发展态势（表7.8、图7.3）。截至2012年，长三角区域三次产业构成为5.9∶48.9∶45.2，区域内部产业结构进一步优化。从三次产业结构演变的规律来看，长江三角洲目前正处于工业化中期阶段，已基本实现产业结构从适应性调整向战略性调

整的根本转变,正朝着工业化后期阶段迈进。同时,长三角地区三次产业的内部结构不断趋于高度化。在第一产业内部,传统的粮食作物、棉花、蚕桑等比重迅速缩小,蔬菜、园艺、花卉等城郊型农业和都市型创汇农业迅速发展;在第二产业内部,在纺织、服装等优势产业进一步发展的同时,以汽车、石化、电子、家用电器为代表的新兴优势产业迅速发展,而食品加工业等传统优势产业进一步萎缩。在第三产业内部,金融、保险、通信、咨询服务等高层次产业迅速崛起,成为带动区域产业优化和经济高效平稳运行的重要引擎。

表7.8 2012年三大城市群三次产业比重

地区		三次产业占GDP比重/%		
		第一产业	第二产业	第三产业
全国		10.1	45.3	44.6
长三角	长三角	5.9	48.9	45.2
	上海	0.7	38.9	60.4
	江苏	6.3	50.2	43.5
	浙江	4.8	50.0	45.2
	安徽	12.7	54.6	32.7
京津冀	京津冀	6.1	43.1	50.8
	北京	0.8	22.7	76.5
	天津	1.3	51.7	47.0
	河北	12.0	52.7	35.3
珠三角	珠三角	1.7	40.3	58.0
	广州	2.7	59.5	37.8
	深圳	0.1	44.3	55.6
	东莞	2.6	51.6	45.8
	珠海	2.0	62.2	35.8
	佛山	5.3	58.2	36.5
	江门	0.4	47.4	52.2
	惠州	2.5	55.5	42.0
	中山	7.9	51.1	41.0
	肇庆	16.3	45.8	37.9
	香港	0.1	6.9	93.0
	澳门	0	6.2	93.8

数据来源:《广东统计年鉴2013》,《香港统计年刊2014》,《澳门统计年鉴2013》。

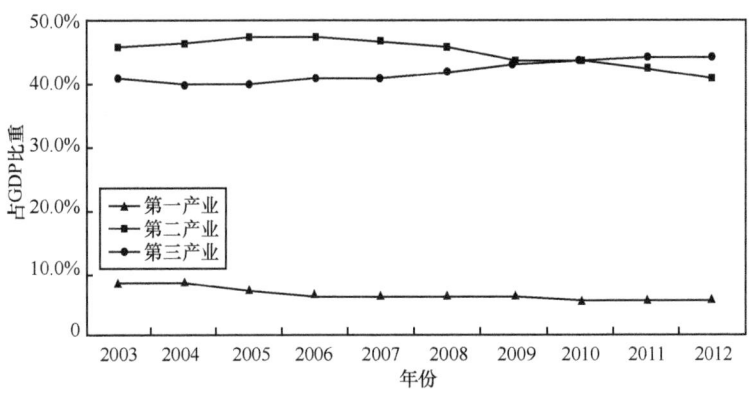

图 7.3 2003—2012 年长三角地区三次产业结构演变

2. 城市群内各主要城市产业结构呈差异化发展态势，产业发展协调度不高

长三角地区除上海和南京为"三、二、一"型产业结构外，其余城市为"二、三、一"型产业结构，但城市间仍表现出不同发展阶段的显著性差异。例如，第一产业比例最低的为上海（0.6%），最高的为滁州（19.8%），两者间相差 33 倍之多。第二产业比例最高的为芜湖（65.9%），最低的为上海（39%）。第三产业比例最高的为上海（60.4%），最低的为马鞍山（27.7%），相差 2.18 倍（表 7.6）。长三角地区城市间产业结构的巨大差异在一定程度上反映了长三角地区整体产业协调发展程度不高。从各个城市和区域的产业结构来看，原因主要有以下几个方面。

一是上海市以第三产业发展为主，但现代工业发展迅速。由图 7.4 可知，上海市第三产业比重逐步上升，逐渐在三次产业中占据优势；第二产业和第一产业比重均呈逐步下降的趋势，国民经济产业比重由 2003 年的 1.21∶43.94∶50.85 演变为 2012 年的 0.63∶38.92∶60.45，总体经济结构进一步优化。一方面，服务经济成为上海市经济发展的主要支撑力量，但服务业规模小、结构层次较低。2012 年，上海市第三产业增加值为 12 199.15 亿元，比 2003 年增加 72.09%，年均增速 7.3 个百分点，占 GDP 比重达到 60.45%，比 2003 年提高 9.6 个百分点。但均低于京津冀地区的北京市（76.5%）和珠三角地区的广州市，与其他国际大都市相比，更有相当大的差距。从服务业分行业增加值所占比重来看，批发和零售业占第三产业比重的 26.98%，比 2003 年提高 6.09 个百分点。其次是金融业，占比 20.09%，比 2003 年增加 0.17 个百分点。交通运输、仓储和邮政业，信息传输、计算机服务和软件业，租赁和商务服务业，居民服务及其他服务业等现代服务业呈较

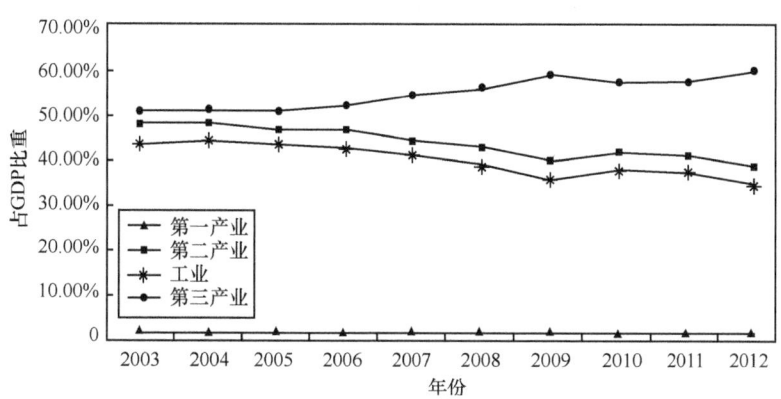

图 7.4　2003—2012 年上海市三次产业比重变化

小幅增加。文化体育和娱乐业，科学研究、技术服务和地质勘查业，教育、卫生和社会保障等新兴服务业比重有所降低。表明上海市作为长三角地区的核心城市，其服务业发展层次仍较低，仍以传统的商贸流通、房地产等行业为主，而代表现代服务业发展潮流的信息服务业、科技服务、文化服务等行业虽有一定的发展，但仍处于发育阶段，规模较小，服务功能薄弱。可以说，传统服务业比重过大和现代服务业发展缓慢是上海市服务业规模较小的主要原因，进而在一定程度上制约了其作为经济增长极对周边地区辐射和带动功能的发挥。另一方面，工业结构进一步优化，现代工业成为产业发展的主要支柱。2012 年，上海市实现工业增加值 7854.77 亿元，占 GDP 的 35.17%，比 2003 年下降 7.77%。其中，规模以上工业增加值 6446.14 亿元。在规模以上工业增加值中，轻工业 2078.1 亿元，增长 4.7%；重工业 4368.04 亿元，增长 2%。轻重工业比为 2∶1，工业发展以重工业为主。2012 年，工业总产值 33 186.41 亿元，其中规模以上工业生产总值 31 534.57 亿元。规模以上工业中，电子信息产品制造业、汽车制造业、石油化工及精细化工制造业、精品钢材制造业、成套设备制造业和生物医药制造业 6 个重点工业行业完成工业总产值 20 970.49 亿元，占全市规模以上工业总产值的比重为 66.5%。而黑色金属冶炼和压延加工业，石油加工、炼焦和核燃料加工业，化学原料和化学制品制造业、电力、热力生产和供应业、非金属矿物制品业五大高载能行业工业总产值 7883.5 亿元，占全市规模以上工业总产值比重的 24.30%。节能环保、新一代信息技术、生物医药、高端装备、新能源、新材料、新能源汽车战略性新兴产业总产值 10 089.44 亿元，其中制造业部分实现工业总产值7580.99亿元，占新兴产业总产值的75.14%。上海作为全国现代工业产业和先进技术来源的重镇和排头兵，其依托自身迅速崛起的大都市圈交通与区位优势，积极培育战略性新兴产业，不但使产业结构得到进一步优化，而且也使上海工业发展继续在全国保持领先地位，继续发挥其引导整个长三角地区乃至全国工业产业结构升级换代的作用，不断加快工业现代化步伐。

二是江苏省仍以工业发展为主，但第三产业增速明显。统计资料显示，江苏省第二产业总体呈下降趋势，但所占比重均超过第三产业比重，工业发展仍是江苏省经济发展的主要支撑。在第二产业比重有所下降的同时，第三产业表现出较为明显的增长态势，而第一产业比重继续下降，总体经济结构逐步优化（图7.5）。一方面，工业仍是江苏省经济发展的主要支撑，工业结构进一步优化。2003—2007年，江苏省工业增加值呈缓慢增长态势，之后，工业增加值占比呈现较快的下降趋势。到2012年，江苏省实现工业增加值23 908.47亿元，占GDP的44.23%，比2003年降低4.03个百分点。规模以上工业总产值120 110.67亿元，其中高新技术产业实现产值45 041.5亿元，增长17.4%，占规模以上工业总产值比重达37.5%，比上年提高2.2个百分点。此外，战略性新兴产业增势强劲，新能源、新材料、生物技术和新医药、节能环保、新一代信息技术和软件、物联网和云计算、高端装备制造、新能源汽车、智能电网和海洋工程等新兴产业全年销售收入达40 059.9亿元，比上年增长19.6%。另一方面，第三产业发展水平稳步提升，但规模偏低。2003—2012年，江苏省第三产业总体呈较快增长趋势，2012年，实现第三产业增加值23 517.98亿元，年均增速达42.34%，占GDP比重为43.50%，比2003年提高6.39个百分点，第三产业增加值基本与工业增加值持平。与广东省和浙江省相比，第三产业增加值比重偏低。

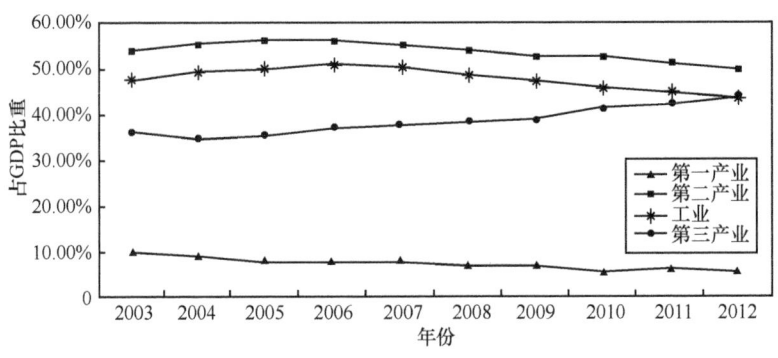

图7.5　2003—2012年江苏省三次产业比重变化

三是浙江省仍以工业发展为主，第三产业增速明显。统计资料分析显示，浙江省产业结构及其变化与江苏省极为相似，总体表现为第二产业总体呈下降趋势，第三产业表现出较为明显的增长态势，经济发展仍以工业为主（图7.6）。一方面，工业仍是浙江省经济发展的主要支撑，工业结构进一步优化。2003—2008年，浙江省工业增加值呈缓慢增长态势，之后，工业增加值占比呈现下降趋势。到2012年，浙江省实现工业增加值15 338.02亿元，占GDP的44.52%，比2003年降低1.74%个百分点。规模以上工业增加值10 875亿元，比上年增长7.1%，轻、重工业增加值分别为4705亿元和6170亿元，分别增长8.0%和6.6%。制造业中，高新技术产业增加值2626亿元，增长9.9%，占规模以上工业的比重为24.1%，比上年提高0.3个百分点。另一方面，第三产业发展水平稳步提升。2003—2012年，浙江省第三产业总体呈较快增长趋势，2012年，实现第三产业增加值15 681.13亿元，占GDP比重为43.50%，比2003年提高5.15个百分点，超过工业增加值在国民经济中所占比重，但与珠三角的广东省相比，第三产业增加值比重偏低。表明浙江省产业结构进一步向好的方向发展，现代物流业、外包服务业相继在国民经济中扮演着重要角色，但现代服务业仍需进一步发展。

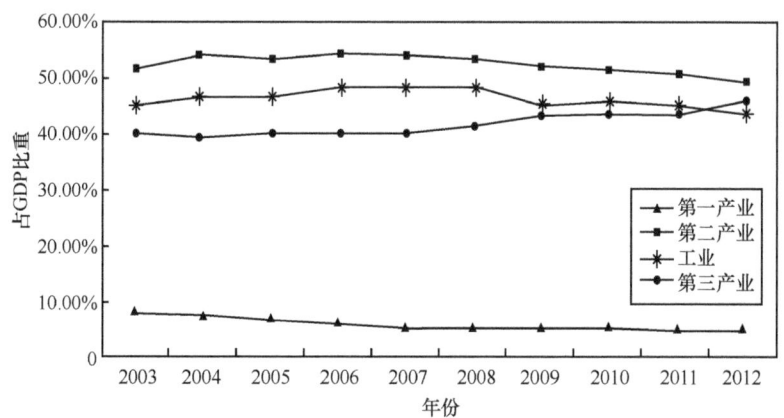

图7.6　2003—2012年浙江省三次产业比重变化

四是安徽省主要以原材料、能源等重工业为主，第三产业发展相对较弱。从图7.7可以看出，2003—2012年，安徽省第二产业（工业）呈较快增长态势，在三次产业结构中的主导地位增强。第三产业和第一产业均呈较快下降态势。以工业为主的经济结构进一步强化。

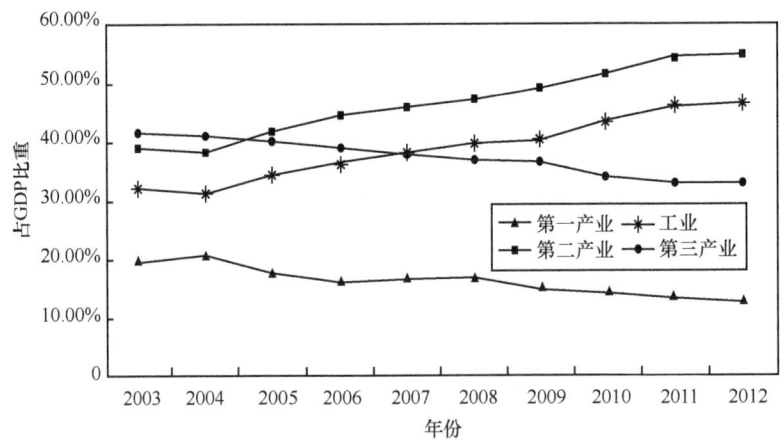

图7.7 2003—2012年安徽省三次产业比重变化

一方面，经济发展以重工业为主，工业发展强劲。2012年，安徽省实现工业增加值8025.84亿元，比2003年增加84.35%，年均增速达8.43%，占GDP比重为54.64%，超过一半，比2003年提高15.5%个百分点。规模以上工业增加值7550.5亿元，比上年增长16.2%，其中轻、重工业分别增长17.5%和15.6%，轻重工业增加值比例由上年的30.8∶69.2变化为31.4∶68.6，工业发展的重型化特征明显。安徽省是我国重要的农副产品、原材料、加工业和能源基地，形成了比较完整的传统产业体系。近年来，安徽不仅在能源、化工和冶金等具有传统优势的产业发展上保持着良好势头，而且在工程机械业、汽车制造业、通信电子业、家用电器业、生物医药业等新兴高新技术方面也有所崛起。从工业分行业增加值来看，计算机、通信和其他电子设备制造业增长42.8%，通用设备制造业增长31.5%，农副食品加工业增长23.7%，非金属矿物制品业增长19.2%，化学原料和化学制品制造业增长16.3%，电气机械及器材制造业增长15.7%，有色金属冶炼和压延加工业增长11.7%，黑色金属冶炼及压延加工业增长9%，电力、热力生产和供应业增长12.4%，煤炭开采和洗选业增长4.4%。六大工业主导产业产值增长17.2%，装备制造业增长18.2%，高新技术产业增长16.5%；战略性新兴产业产值增长33.1%。全省规模以上工业企业主营业务收入27 911.2亿元，增长18.1%；利税2543亿元，增长11.8%，其中利润1470.2亿元，增长11.3%。电气机械和器材制造业、非金属矿物制品业、农副食品加工业、煤炭开采和洗选业、汽车制造业等 17 个行业利润均超过 30 亿元，累计实现利润 1218.6 亿元，占全部规模以上工业的 82.9%。

另一方面，第三产业发展仍然相对较弱。2003—2012 年，安徽省第三产业发展比重逐年降低。2012 年，第三产业增加值为 5628.48 亿元，占 GDP 比重 32.70%，比 2003 年降低 9.06%。第三产业比重低于京津冀地区的河北省。第三产业比重的降低与第二产业比重的持续升高有着密切的联系，进一步说明安徽省仍处于工业化的前期阶段，产业结构有待调整。

（四）长三角区域经济发展类型

1. 长三角地区外向型经济优势明显

改革开放后，长三角地区凭借其优越的区位条件和活跃的民营经济环境，不断发展外向型经济，吸引了大量的外来资金、技术、人才等生产要素聚集，对经济发展起到了明显的促进作用。由表 7.9 可知，2012 年，长三角进出口总额 11 066.28 亿美元，是 2000 年的近 11 倍，占全国的比重由 2000 年的 21.54% 上升为 2012 年的 28.62%。2000—2012 年，外商直接投资增长了 5 倍，年均增长率 6.19%，占全国外商直接投资总额比重由 2000 年的 39.21% 变为 2012 年的 63.14%。从引进外资的地区差异分析，江苏省苏南地区的外商直接投资（FDI）多以加工贸易为主，并正向产业集群投资方向发展，逐步形成了外资产业群和产业带。上海市的 FDI 从开始就流入现代服务领域或工业制造业下游阶段的生产性服务行业，FDI 投资领域层次较高。浙江省的 FDI 主要是从事一般贸易的工业制造业，并且主要集中于浙江东北地区的杭州、宁波、嘉兴、湖州等市。外资推动了长三角工业尤其是现代制造业的升级步伐，促进了经济增长和外贸出口的迅速扩大。2012 年，长三角外贸出口总额 12 361.21 亿美元，比 2000 年增长 87.84%，年均增长 6.75%，占全国比重由 2000 年的 48.94% 上升为的 60.33%。出口额占全国比重的变化标志着长三角的开放程度和国际化水平的不断提高，也反映了长三角经济在国内市场上具有较高的竞争力。此外，长三角地区的进出口总额、出口总额、直接利用外商投资总额均高于其他地区，只有出口总额略低于泛珠三角地区（表 7.10）。

表7.9 2000—2012年长三角地区对外经济发展主要指标

单位：亿美元

年份	进出口总额	出口总额	外商直接投资
2000	1021.72	1219.63	159.59
2005	5308.17	4963.00	446.97
2010	9243.87	10 275.40	660.16
2011	10 902.44	12 106.28	762.62
2012	11 066.28	12 361.22	817.05

表7.10 2012年三大城市群进出口状况

单位：亿美元

地区		进出口总额	进口	出口
全国		38 671.2	18 184.1	20 487.1
长三角	长三角	13 365.8	5496.0	7598.5
	上海	4367.6	2298.0	2067.4
	江苏	5480.9	2195.6	3285.4
	浙江	3124.0	876.7	2245.7
	安徽	393.3	125.7	267.5
京津冀	京津冀	5742.8	4263.9	1478.8
	北京	4081.1	3484.8	596.3
	天津	1156.2	483.1	673.1
	河北	505.5	296.0	209.4
珠三角	珠三角	12 876.6	4138.2	8738.5
	广东	9839.5	4098.9	5741.4

2. 区域经济发展类型趋同

从长三角区域内部来看，三省一市的经济发展类型呈现同质化趋势。其中，江苏省外向型经济最为发达，上海和浙江次之，安徽省虽然对外贸易总量较小，但外向型经济增速强劲（表7.11）。统计资料分析显示，江苏、浙江和安徽三地进出口总额、出口总额和外商直接投资均呈稳定的逐年增长态势。其中，江苏的进出口总额、出口总额和外商直接投资均远高于浙江省和安徽省。2012年，其三项指标分别占长三角地区的49.53%、44.34%、43.77%，将近一半。安徽省外向型经济最弱，2012年进出口总额、出口总额、外商直接投资额分别仅为江苏省同期的7.17%、4.88%、7.09%，长三角地区的3.35%、2.00%和3.10%。但从增速来看，2000—

2012年，安徽省进出口总额增速逐步超越其他地区，呈强劲增长态势。2012年，其增速为25.48%。从前文分析可知，江苏省是吸引外资规模最大的省份，外资企业有很强的出口能力，在经营方式上有很强的外向性，其中有很多外商投资企业把国际市场看成自己的主要市场，这在很大程度上决定了江苏省对外贸易的发达程度。上海市作为我国改革开放的排头兵，积极参与全球分工和交换，加之上海建设国际性大都市的目标也使得其对世界经济的依赖化程度不断加大，经济的国际化趋势不断增强。近年来，安徽省积极调整自身产品结构和经济结构，对外贸易大幅增长，但由于与苏浙沪在产品和吸引外资方面的差距，对外贸易水平仍然较弱。从总体上来看，整个长三角区域均以外向型经济为主，对外贸的依存度较大，区域内部经济发展格局存在较大的同质化趋势。

表7.11 长三角地区三省一市对外经济主要指标

单位：亿美元

地区	主要指标	年份				
		2000	2005	2010	2011	2012
上海	进出口总额	1021.72	5308.17	9243.87	10 902.44	11 066.28
	出口总额	1219.63	4963.00	10 275.40	12 106.28	12 361.22
	外商直接投资	159.59	446.97	660.16	762.62	817.05
江苏	进出口总额	456.38	2279.41	4657.93	5397.59	5480.93
	出口总额	456.38	2279.41	4657.93	5397.59	5480.93
	外商直接投资	64.24	131.83	284.98	321.32	357.60
浙江	进出口总额	278.33	1073.91	2535.33	3093.78	3124.03
	出口总额	194.43	768.04	1804.65	2163.49	2245.19
	外商直接投资	25.09	161.27	200.47	205.84	210.72
安徽	进出口总额	33.47	91.20	242.77	313.38	393.25
	出口总额	21.72	51.90	124.13	170.84	267.52
	外商直接投资	6.36	15.54	21.65	34.43	25.35

从各城市的进出口情况来看，上海、苏州、宁波、无锡、杭州5个城市的进出口总额最高，分别为4367.58亿美元、3056.92亿美元、965.72亿美元、707.72亿美元、616.84亿美元。而宿迁、丽水、滁州、淮南的进出口额相对较少，均低于30亿美元，分别为27.93亿美元、22.29亿美元、15.32亿美元、3.45亿美元（表7.12）。上海作为长三角地区的大都市，是整个区域的中心，比较容易得到科技、信息等资源，因此对外开放程度高。

苏锡杭地区距离上海较近，这一区位优势使其能够较好地得到来自上海的辐射。宁波所拥有的深水良港的天然资源使其具备得天独厚的区位优势，吸引外商投资，促进对外贸易发展。宿迁、丽水、淮南等市由于距离上海距离较远，也不具有海港等资源优势，对外贸易发展水平相对较低。

表7.12 长三角城市群进出口情况

单位：亿美元

地区	城市	进出口总额	进口	出口
上海	上海	4367.58	2299.51	2068.07
江苏	南京	552.35	319.01	233.34
	无锡	707.72	413.13	294.60
	徐州	83.27	62.88	20.39
	常州	290.28	199.60	90.68
	苏州	3056.92	1746.89	1310.03
	南通	263.01	187.86	75.15
	连云港	80.02	36.01	44.01
	淮安	42.38	33.64	8.73
	盐城	57.54	34.65	22.89
	扬州	101.73	81.72	20.01
	镇江	114.13	77.37	36.76
	泰州	103.67	69.45	34.22
	宿迁	27.93	23.18	4.75
浙江	杭州	616.84	204.22	412.62
	宁波	965.72	351.27	614.45
	嘉兴	287.44	91.41	196.03
	湖州	87.36	13.40	73.96
	绍兴	320.98	65.41	255.57
	舟山	153.56	61.32	92.24
	温州	204.38	27.42	176.96
	金华	227.39	14.26	213.13
	衢州	30.18	11.59	18.59
	台州	206.22	33.83	172.39
	丽水	22.29	2.53	19.76

续表

地区	城市	进出口总额	进口	出口
安徽	合肥	176.42	40.14	136.28
	滁州	15.32	3.72	11.60
	马鞍山	36.52	24.52	12.00
	芜湖	46.24	12.54	33.70
	淮南	3.45	1.04	2.45

三、长三角城市群创新资源配置现状

科技资源配置的总体目标是要使得全局的科技经济社会综合效益达到最优，根据长三角地区的经济和科技发展状况，长三角地区已具备良好的创新环境，创新所需的各种要素投入呈逐年递增趋势。这些科技资源是科技活动的物质基础，是创造科技成果、推动整个经济和社会发展的要素集合。长三角城市群创新资源的配置指标体系主要由6个方面构成：科技经费投入、科技人力投入、科技物力投入、科技创新产出、科技扩散与经济绩效、科技创新环境。其中，科技创新的经费、人力和物力的投入是核心，是决定长三角科技创新能力高低的关键因素，它反映出城市群科技创新的主动力驱动程度，是反映科技创新的关键指标。科技创新产出是区域创新的外在表现，也是反映长三角城市群科技创新资源配置的关键指标。科技扩散与经济绩效是体现科技创新资源配置的重要方面，反映了科技资源配置对经济、产业结构优化等的影响。科技创新环境是科技资源配置的基础，它反映了特定条件下科技资源对创新的支持程度。

表7.13为我国长三角城市群科技资源配置的指标体系，这些指标是各省市统计年鉴和科技统计年鉴中的指标，保证了指标的权威性和数据的可获得性。

（一）科技研发经费投入

长三角地区整体R&D经费投入较高，以企业科技创新投入为主。科技经费的投入是一个地区或城市科技创新的基础，经费的多少在很大程度上影响科技创新的进行。如表7.14所示，2012年，长三角地区R&D经费支出2689.91亿元，占全国R&D经费支出的26.12%，是京津冀地区R&D经费支出（1669.62亿元）的1.61倍，珠三角地区R&D经费支出（1236.15亿元）的

表7.13　长三角城市群科技资源配置指标体系

一级评价指标	二级评价指标	序号	三级评价指标
科技资源配置	科技经费投入	1	R&D经费支出占GDP比重/%
		2	资产性支出占R&D经费的比重（基础设施、仪器设备等）/%
		3	规模以上工业企业新产品开发经费支出占销售收入的比重/%
		4	规模以上工业企业R&D经费内部支出占R&D经费支出比重/%
	科技人员投入	5	R&D人员/人
		6	R&D人员中博士比重/%
		7	R&D人员中硕士比重/%
		8	R&D人员中本科比重/%
		9	研究与开发机构R&D人员数/人
		10	公有经济企事业单位专业技术人员/人
		11	规模以上工业企业R&D人员/人
	科技物力投入	12	研究与开发机构数/个
		13	R&D项目（课题）数/项
		14	规模以上工业企业个数/个
		15	规模以上工业企业R&D项目数/项
		16	规模以上工业企业办研发机构数/个
		17	有研发机构的企业数占规模以上企业数的比重/%
		18	有R&D活动的企业数占规模以上企业数的比重/%
	科技创新产出	19	规模以上工业企业专利申请数/件
		20	规模以上工业企业有效发明专利数占专利申请数比重/%
		21	高等学校发表科技论文数/篇
	科技扩散与经济绩效	22	技术市场成交合同数/项
		23	技术市场成交合同金额/亿元
		24	高技术主营业务收入占工业总产值的比重/%
		25	地方财政收入年均增长/%
	科技创新环境	26	人均GDP/（元/人）
		27	每万人口大学生数/人
		28	互联网用户普及率/%
		29	人均科技活动经费支出/元

注：R&D经费投入强度为R&D经费内部支出相当于生产总产值的比重。

2.18 倍。R&D 经费投入强度为 2.36，略低于京津冀地区（2.91），略高于珠三角地区（2.02），远远高于全国 1.98 的平均水平。资产性支出占经费支出比重为 14.5%，略低于京津冀地区，高于珠三角地区，与全国平均水平持平。表明长三角地区科技创新基础设施及实验装备条件良好。长三角规模以上工业企业 R&D 经费内部支出占 R&D 经费支出的比重为 75.69%，规模以上工业企业新产品开发经费支出占销售收入的比重为 7.38%，均高于同期全国 69.92% 和 7.24% 的平均水平。与京津冀和珠三角地区相比，长三角规模以上工业企业 R&D 经费内部支出占 R&D 经费支出的比重是京津冀地区的近 2 倍，规模以上工业企业新产品开发经费支出占销售收入的比重也高于京津冀地区（6.37），但这两项指标均低于被称为市场经济条件下我国企业新技术发源地的珠三角地区。表明长三角地区的科技经费投入主要以企业为主，企业对新技术创新投入较大。这与长三角地区外向型经济发达、市场经济活跃关系密切。

表7.14　2012年三大城市群科技投入状况

地区		R&D经费投入强度	资产性支出占R&D经费的比重/%	规模以上工业企业占R&D经费支出比重/%	规模以上工业企业新产品开发经费支出占销售收入的比重/%
全国		1.98	14.5	69.92	7.24
长三角	长三角	2.36	14.5	75.69	7.38
	上海	3.37	15.4	54.68	6.54
	江苏	2.38	15.1	83.88	8.37
	浙江	2.08	11.0	81.46	6.33
	安徽	1.64	18.9	74.16	7.48
京津冀	京津冀	2.91	15.7	39.01	6.37
	北京	5.95	15.7	18.56	7.62
	天津	2.80	17.1	70.98	4.91
	河北	0.92	13.5	80.60	7.32
珠三角	珠三角	2.02	11.7	87.89	13.25
	香港	0.81	5.3	44.86	6.53
	澳门	0	0	0	0
	广东（9市）	2.43	12.4	92.82	12.14

上海科技经费投入强度较高，安徽科技经费投入较弱。就长三角地区三省一市而言，2012年，上海R&D经费支出为679.5亿元，R&D经费投入强度3.37，居全国第2位；江苏R&D经费支出1287.9亿元，R&D经费投入强度2.38，居全国第4位；浙江R&D经费支出722.6亿元，R&D经费投入强度2.08，居全国第6位；安徽R&D经费支出281.8亿元，R&D经费投入强度1.64，低于全国水平。即长三角地区就科技经费投入强度来说在全国都较为靠前，而安徽相对较弱。

上海企业科技创新投入水平低，江苏省企业科技创新投入水平高。从规模以上企业来看，上海规模以上工业企业R&D经费内部支出占R&D经费支出比重为54.68%，规模以上工业企业新产品开发经费支出占销售收入的比重为6.54%，江苏为83.88%、8.37%，浙江为81.46%、6.33%，安徽为74.16%、7.48%。除上海市外，三省规模以上工业企业R&D经费内部支出占R&D经费支出比重均高于长三角地区（75.69%）和全国（69.92%）的平均水平。上海作为长三角的中心城市和国际性城市，在人才、高校、科研院所等创新资源方面具有绝对优势，以上分析表明，上海丰富的科研院所对大中型企业的财力投入具有替代效应。三省中江苏省规模以上工业企业R&D经费内部支出占R&D经费支出和规模以上工业企业新产品开发经费支出占销售收入的比重最高，在一定程度上表明企业是江苏省科技创新的主要载体，在科技创新尤其是新产品的研发上科技投入相对其他地区较大。而浙江省的规模以上工业企业新产品开发经费支出占销售收入的比重低于长三角地区和全国平均水平，表明浙江省虽以企业创新投入为主，但企业对新技术研发的投入不足。

（二）研发人员队伍建设

长三角地区作为我国经济最发达的地区之一，聚集了大量科技人才，成为长三角地区创新能力提升极为重要的资源。截至2012年年底，长三角地区R&D人员数129.15万人，占全国R&D人员的28%，高于京津冀地区（12.43%）和珠三角地区R&D人员（13.62%）占全国比重，基本相当于京津冀与珠三角R&D人员数之和。但从科技人才结构来看，长三角地区R&D人员中博士比重、硕士比重和本科比重分别为4.82%、11.19%和31.22%。其中，硕士和博士比重远远低于京津冀地区（博士11.94%、硕士19.27%）。表明尽管长三角在科技人才总量方面占绝对优势，但在高端技术人才，尤其是博士人才方面，长三角还处于劣势，需要不断提高。另外，长三角地区的公有经济企事业单位专业技术人员和规模以上工业企业R&D人员均在三大城市群中居于首位，表明长三角地区具有极为丰富的科研院所资源和以企业投入为主的科技人力资源（表7.15）。

表7.15 2012年三大城市群科技人员分布状况

地区		研究与开发机构R&D人员数/人	R&D人员				公有经济企事业单位专业技术人员/人	规模以上工业企业R&D人员/人
			总数/人	博士比重/%	硕士比重/%	本科比重/%		
全国		388 303	4 617 120	5.72	13.83	30.71	29 774 237	3 051 455
长三角	长三角	66 619	1 291 548	4.82	11.19	31.22	3 565 332	964 502
	上海	30 076	208 817	9.83	17.75	28.60	636 387	108 347
	江苏	21 022	549 159	4.08	10.60	34.36	1 180 413	447 951
	浙江	6467	377 315	3.29	7.76	27.60	913 315	297 465
	安徽	9054	156 257	4.44	12.81	32.47	835 217	110 739
京津冀	京津冀	119 057	573 745	11.94	19.27	27.80	1 958 103	242 013
	北京	103 017	322 417	17.69	24.00	26.02	478 674	75 543
	天津	8467	126 436	5.91	13.77	28.07	315 224	80 972
	河北	7573	124 892	3.18	12.63	32.14	1 164 205	85 498
珠三角	珠三角	25 460	653 852					
	广东	14 595	629 055	2.92	13.02	29.25	1 459 018	519 212

从长三角地区三省一市的情况来看，江苏省R&D人员数量最多，为549 159人，占长三角地区R&D人员比重达42.52%。上海、浙江和安徽分别占16.17%、29.21%和12.10%。表明上海作为长三角地区的中心城市，其科技人力资源总量偏少，安徽科技人才资源最少。从人才的内部结构看，上海市R&D人员博士、硕士和本科占比分别为9.83%、17.75%和28.6%，博士和硕士占比均远远高于浙江、江苏和安徽省。三省中，江苏省硕士和博士所占比重最少。上海利用中心城市的优势地位，具有吸引高层次科技人才的绝对优势。从研究

与开发机构R&D人员数来看,上海研究机构R&D人员数最多,浙江最少,科研机构人数在一定程度上反映了对科技创新的重视程度与科技创新的水平,显然从目前的来说,上海科技创新的R&D人员数投入最大,这与其经济状况和科技水平相一致。从人才分布结构来看,上海、江苏、浙江、安徽的研究与开发机构人员数分别占长三角地区研究与开发机构R&D人员数的45.15%、31.56%、9.71%和13.59%,公有经济企事业单位专业技术人员占比分别为17.85%、33.11%、25.62%和23.43%,规模以上工业企业R&D人员占比分别为11.23%、46.44%、30.84%和11.48%。表明三省一市科技人员分布中,上海市R&D人员主要以研究与开发机构为主,这主要与上海市作为区域中心城市拥有丰富的科研院所资源有关。江苏和浙江主要以公有企事业单位和企业为主,在一定程度上表明江苏和浙江企业创新的实力。安徽省主要以公有企事业单位为主,最能代表科技创新人力资源水平的研究与开发机构人员和企业科技人员所占比重均较少,在一定程度上制约了安徽省科技创新能力的提升。

(三)科技研发机构建设

科技物力资源包括各类研究机构、大学、企业中的技术开发机构、科技服务机构等机构,还包括各种国家(省部级)重点实验室、中试基地、工程研究中心、科技企业孵化器在内的科技平台,以及各种科研仪器和设备等。科技物力资源的配置情况可以反映出一个地方的科技创新水平。从长三角地区整体来看,2012年共有研究与开发机构数490个,占全国研究与开发机构数的13.33%,略低于京津冀地区的研究与开发机构数,但远远高于珠三角地区。其中,有研发机构的企业数占规模以上工业企业数的比重为22.72%,是京津冀地区的2.52倍,珠三角地区的3.33倍,全国的2.01倍。R&D项目(课题)数287 159项,约是京津冀与珠三角地区的总和,占全国R&D项目(课题)数的26.78%;规模以上工业企业R&D项目数占全国比重为36.47%,分别是京津冀地区的3.76倍和2.80倍(表7.16)。以上分析表明,长三角研发机构中以企业办研发机构为主,这与上述分析中科技人力、财力等资源投入以企业为主相符合,企业的科技创新成为长三角地区创新能力提升的主要动力,这也是长三角地区经济发展居于全国前列的重要原因。

表7.16 2012年三大城市群科技研发机构建设情况

地区		研究与开发机构数/个	R&D项目（课题）数/项	规模以上工业企业数/个	有研发机构的企业数占规模以上工业企业数的比重/%	有R&D活动的企业数占规模以上企业数的比重/%	规模以上工业企业R&D项目数/项	规模以上工业企业办研发机构数/个
全国		3674	1 072 383	343 769	11.31	13.73	287 524	45 937
长三角	合计	490	287 159	106 641	22.72	22.74	104 867	27 216
	上海	136	65 802	9772	7.57	15.98	12 833	914
	江苏	148	97 597	45 859	31.97	24.28	44 570	16 417
	浙江	101	84 509	36 496	19.12	26.28	35 582	7498
	安徽	105	39 251	14 514	12.78	13.57	11 882	2387
京津冀	合计	513	166 977	21 394	9.01	14.12	27 862	2337
	北京	379	109 514	3692	16.12	26.65	8226	747
	天津	58	31 893	5342	11.96	23.81	12 062	765
	河北	76	25 570	12 360	5.61	6.19	7574	825
珠三角	广东	184	93 179	37 790	6.88	13.45	37 460	3455

注：珠三角地区其他城市相关数据很难查到，因此，用广东数据代替。

就长三角地区三省一市而言，上海、江苏、浙江和安徽的研发机构数量分别为136个、148个、101个和105个，上海和江苏的研发机构数量最多。就企业的研发机构情况来看，上海、江苏、浙江和安徽有研发机构的企业数占规模以上工业企业数的比重分别为7.57%、31.97%、19.12%和12.78%。江苏最高，而作为中心城市的上海最低，仅为江苏的1/4、浙江的2/5和安徽的3/5。结合前面的分析，认为上海市作为长三角地区的增长极，其科技创新主要以居于产业链前端的知识集成创新和原始创新为主，主要对周边地区进行技术扩散与辐射，所以不以企业的研发为主。而江苏、浙江和安徽等省市工业经济发达，主要以承接上海这一创新源的成果转化与应用为主，因此以企业研发为主。

（四）科技创新环境培育

科技创新环境是一个地区科技创新的基础，创新的环境在很大程度上决定了科技创新的水平。本部分将从人均GDP、万人大专以上学历人数、万人国际互联网用户数3个方面来衡量科技创新的环境，但与京津冀和珠三角相比，其创新环境还有待进一步优化。

从长三角地区整体来看，2012年，长三角城市群中人均GDP达到57 943.9元，高于京津冀和珠三角地区。万人大专以上学历人数1315.78人，万人国际互联网用户数3913.99户，均高于全国平均水平（1005.82人和3410.37户），但均低于京津冀和珠三角地区（表7.17）。表明长三角地区作为我国经济最发达的地区，其在经济、人才和科技信息等方面要素优势相对明显，为科技创新营造了良好的环境条件。

表7.17 2012年三大城市群科技创新环境情况

地区		人均GDP/元	万人大专以上学历人数/人	万人国际互联网用户数/户
全国		38 420	1005.82	3410.37
长三角	长三角	57 944	1315.78	3913.99
	上海	85 373	2118.02	6622.77
	江苏	68 347	1205.55	4682.73
	浙江	63 374	1255.83	5603.59
	安徽	28 792	683.71	2660.86
京津冀	京津冀	53 248	2009.87	5390.95
	北京	87 475	3393.97	7028.90
	天津	93 173	2099.10	5533.79
	河北	36 584	536.54	3610.15
珠三角	珠三角	99 206	1057.42	2483.32
	广东（9市）	77 637	1057.42	2115.12

就长三角地区三省一市而言，2012年，上海市人均GDP水平为85 373元，万人大专以上学历人数2118.02人，万人国际互联网用户数6622.77户，高于江苏、浙江、安徽和珠三角地区的广东省。但与北京市相比，仍有一定的差距。江苏省和浙江省在万人大专以上学历数和万人国际互联网用户数指标上水平相近，均远远高于全国平均水平。而安徽省两项指标均低于全国平均水平，与上海、江苏和浙江的差距较大。上海作为区域中心城市和国际性城市，人才、信息等科技创新的基础环境优越，而安徽省的科技创新环境亟须改善。

（五）科技创新产出情况

科技创新产出反映科技资源配置的外在表现，是城市群科技创新配置的关键指标。根据数据的可获得性，选取规模以上工业企业专利申请数、规模以上工业企业有效发明专利数占专利申请数比重和高等学校发表科技论文数3项指标来进行衡量。

从长三角城市群整体来看，2012年，长三角地区规模以上工业企业专利申请数达204 417项，占全国总水平的41.7%，是京津冀的近5倍水平，珠三角的1倍多。但是在规模以上工业企业有效发明专利数占专利申请数比重方面长三角明显存在不足，仅为44.86%，低于全国56.58%的平均水平，且远远低于珠三角的95.57%和京津冀的60.07%（表7.18）。结合前面分析可知，与京津冀、珠三角和全国相比，长三角地区科技创新投入虽以企业为主，但企业的实际科技创新产出水平较低，在一定程度上表明长三角地区企业的科技创新效率不高。从高等学校发表科技论文数看，三大城市群中长三角高等学校发表科技论文数255 083篇，占全国22.82%，高于京津冀和珠三角地区水平。

表7.18 2012年三大城市群科技创新产出情况

地区		规模以上工业企业专利申请数/项	规模以上工业企业有效发明专利数占专利申请数比重/%	高等学校发表科技论文数/篇
全国		489 945	56.58	1 17 742
长三角	合计	204 417	44.86	255 083
	上海	24 873	67.56	71 343
	江苏	84 876	53.16	102 482
	浙江	68 003	30.22	45 385
	安徽	26 665	34.56	35 873
京津冀	合计	41 203	60.07	168 607
	北京	20 189	69.60	112 949
	天津	13 173	55.73	23 155
	河北	7841	42.83	32 503
珠三角	合计	151 280	95.57	71 530
	广东	136 812	95.57	64 501

就长三角地区三省一市而言,上海市规模以上工业企业专利申请数为24 873项,略高于北京市(20 189项)。规模以上工业企业有效发明专利数占专利申请数的67.56%,高等学校发表科技论文数71 343篇,均略低于北京市。江苏、浙江和安徽规模以上工业企业专利申请数分别为84 876项、68 003项、26 665项,规模以上工业企业有效发明专利数占专利申请数比重分别为53.16%、30.22%和34.56%,高等学校发表科技论文数分别为102 482篇、45 385篇、35 873篇。从以上分析可知,上海市企业科技创新产出水平最高,其次是江苏,浙江和安徽的企业科技创新产出水平和创新活跃程度低于全国平均水平。

从表7.19可以看出,从长三角地区内部各个城市而言,苏州、上海、无锡、宁波、杭州几大城市在专利申请量和专利授权量方面均居于前列。结合前面分析认为,这些城市由于距离上海近的区位优势和港口等天然优势,属于长三角地区的经济发达区,市场开放度高,科技创新环境和科技创新意识较好。而淮安、宿迁、舟山、衢州、丽水、淮南、马鞍山等城市在专利申请量和专利授权量上均比较靠后。这些城市由于距离上海远,区位条件相对较差,自我创新的意识和环境欠佳。

表7.19　2012年长三角城市群专利申请和授权情况

地区	城市	专利申请受理量/件	专利申请授权量/件
上海	上海	82 682	51 508
江苏	南京	42 732	18 561
	无锡	79 873	51 442
	徐州	18 014	10 000
	常州	39 391	15 379
	苏州	139 965	98 430
	南通	49 924	36 245
	连云港	6008	3940
	淮安	9325	3140
	盐城	15 456	4964
	扬州	18 996	8091
	镇江	19 235	9235
	泰州	24 177	8414
	宿迁	4380	2095

续表

地区	城市	专利申请受理量/件	专利申请授权量/件
浙江	杭州	53 785	40 651
	宁波	73 647	59 175
	嘉兴	16 078	12008
	湖州	12 656	9870
	绍兴	22 023	12 360
	舟山	2200	1096
	温州	24 183	17 267
	金华	21 491	17 634
	衢州	4899	3208
	台州	14 111	12 182
	丽水	4280	3305
安徽	合肥	15 142	9639
	淮南	3172	2038
	滁州	5786	2969
	马鞍山	4412	2293
	芜湖	16 861	10 408

（六）技术扩散与经济绩效

科技扩散与经济绩效的水平是科技资源与创新能力的综合体现，是科技创新实现经济价值的关键所在。本书主要通过技术市场成交合同数、技术市场成交合同金额及高技术产业增加值占工业增加值比重3个指标来反映科技扩散与经济绩效的水平。

从长三角地区整体来看，2012年，长三角地区技术市场成交合同数为154 789项，是京津冀的3倍多，珠三角的7.86倍，占全国的比重为54.8%。技术市场成交合同金额为3815.7亿元，远高于京津冀的568.4亿元和珠三角的383.6亿元，占全国的比重达59.28%，超过一半（表7.20）。表明长三角地区技术市场交易活跃，科技成果的转化和应用程度高。此外，2012年，长三角地区高技术产业增加值占工业增加值比重为11.16%，高于全国8.81%的平均水平,但与珠三角28.0%的水平仍有较大差距。表明长三角城市群是我国科技创新技术转化最为活跃的地区之一,该地区的技术需求较大,经济发展的潜力较大,高新技术促进经济发展具有很大的前景。

表7.20　2012年三大城市群技术扩散与经济效益情况

地区		技术市场成交合同数/项	技术市场成交合同金额/亿元	高技术产业增加值占工业增加值比重/%
全国		282 242	6437.1	8.81
长三角	长三角	154 789	3815.7	11.16
	上海	59 969	2458.5	14.84
	江苏	13 381	232.3	17.31
	浙江	4512	37.8	7.72
	安徽	76 927	1087.1	4.20
京津冀	京津冀	49 278	568.4	11.07
	北京	28 921	400.9	19.46
	天津	13 551	81.3	13.63
	河北	6806	86.2	2.54
珠三角	珠三角	19 689	383.6	28.0
	广东	19 576	364.9	20.67

数据来源:2013年全国技术市场统计年度报告。

从长三角地区三省一市来看,2012年,上海成交合同59 969项,技术市场成交合同金额2458.5亿元,分别占长三角地区成交合同数和成交合同金额比重的38.74%和64.43%,低于北京市技术合同成交水平。江苏技术市场成交合同项和金额占长三角地区比重为8.64%和6.09%,浙江省占比为2.91%和0.99%,安徽占比为49.7%和28.49%。上海市和安徽省技术市场成交情况较好,江苏省和浙江省较弱。上海作为中心城市,技术交易市场活跃;安徽省虽然在科技创新资源配置和科技创新产出方面水平较弱,但技术市场交易比较活跃,表明安徽省注重技术成果的应用,科技成果的转化能力较强;江苏省和浙江省虽然在科技人才等方面具有优势,但研发的转化能力较弱,其制造业的发展未能向产业链后端延伸,调整结构和转型升级是其发展方向。从高技术产业增加值占工业增加值比重来看,上海、江苏、浙江和安徽分别为 14.84%、17.31%、7.72%、4.20%。表明上海和江苏科技创新成果的转化较为活跃，科技带动经济效益明显，特别是上海，高新技术促进经济发展尤为突出，而浙江和安徽在科技成果转化方面的能力需要加强。

四、长三角区域典型城市创新模式分析

（一）典型案例1：上海市城市创新发展模式分析

上海是中国第一大城市，土地面积 6340.5 平方千米，2012 年 GDP 为 20 181.72 亿元。其地处长江入海口，西与江苏、浙江两省相接，共同构成以上海为龙头的中国最大经济区"长三角经济圈"。上海是中国的经济、金融中心，繁荣的国际大都市，是中国的经济、交通、科技、工业、金融、贸易、会展和航运中心。上海是我国重要的科技创新城市，其在科技创新上取得了很多成效，根据《2013 年上海科技进步报告》要求，"健康上海"即重点在于利用科技让人们生活得更健康，上海市围绕民生需求，强化科研布局，持续引领科技发展；"生态上海"即以民生需求为着力点，在城市规划和生态空间保护、饮水安全、大气污染治理、垃圾减量与处置、轨道交通安全、城市内涝等领域持续推进科技创新和应用，多项工作取得重要进展，同时，加大产业技术的创新研发与推广；"精品上海"即大力发展高端制造业装备，推进重大装备的自主创新；"数字上海"即重点在于让城市更加智能，在新一代信息技术产业领域加速推进一批重点项目，发挥科技的引领支撑作用。通过科技有效地促进了上海的建设和发展。2012 年，上海基础研究继续全国领先，基础能力建设亮点频频，科技人才选拔机制更趋完善，科技奖励再获殊荣。

当前，随着我国经济发展方式的转变，科技创新成为经济发展的主要驱动力。上海围绕科技制高点、经济增长点和民生关注点，坚持大科技、前瞻性、体系化和价值实现的工作理念，着力增强创新自信，着力深化改革创新，加快推进科技创新和创新体系建设。上海通过科技创新的探索形成了具有自身特色的上海科技创新之路，其特色做法总结如下。

1. 加强科技创新前瞻布局

一是部署实施科技重大专项。深化部市合作和院地合作，积极承接和实

施"极大规模集成电路技术及成套工艺""重大新药创制"等国家重大专项任务和其他国家级科技攻关项目。研究制定市级科技重大专项实施方案,坚持政府战略决策导向和企业实施主体主导作用相结合,创新专项投入方式。启动实施高温超导、微技术、高端医疗器械、工业机器人等专项任务。

二是强化前沿基础研究和人才培养。进一步调整优化基础研究投入结构,凝练若干具有重大应用前景的方向,部署实施若干科学研究任务;鼓励和支持科研人员,特别是中青年科研人员开展自由探索,进一步完善自然基金青年项目实施机制。开展基础研究项目绩效评估,探索建立持续支持机制。争取更多的国家级基础研究项目落户上海。组织实施好各类人才计划,改进完善人才计划评价体系,加大对企业创新人才和青年科研人才的培养力度,发挥"启明星"等人才计划的品牌引领作用。加强高层次人才服务工作,建立人才网络。

三是加强研发基地建设。完善研发基地布局,构建适应转型发展和对接本市战略性新兴产业的研发基地体系。集聚资源,大力支持有条件的研究机构制定实施世界级实验室或科学中心建设战略规划。培育生物疫苗、建筑节能等国家工程技术研究中心,新建1~2家国家重点实验室。完善研发基地评估体系,探索基于绩效评估的稳定支持机制,促进研发基地信息共享和对外服务。加快上海海洋科技中心建设,研究编制海洋科技三年行动计划。

2. 培育发展战略性新兴产业

坚持需求导向、点面结合,整合各方资源,从技术创新、应用示范、产业化等方面多措并举、综合施策。

一是实施战略性新兴产业技术创新专项工程。发布专项项目指南,围绕新型显示、半导体照明、燃气轮机、高性能计算等领域布局启动了一批重大、重点项目,力争培育新的产业增长点。重大成果不断涌现,国内首条单根长度达千米的第二代高温超导带材研制成功,为我国高温超导技术产业化迈出重要一步;MOCVD设备投入试量产,打破了该领域长期被欧美企业垄断的局面;部分MEMS产品面向消费电子、汽车电子、医疗保健等领域取得产业化;新概念高效能计算机架构研究通过验收,样机在专有领域的性能大幅超过国际同类产品;可见光通信技术取得重要突破,部分试验指标刷新全球纪录,工程样机亮相工博会。

二是健全完善应用技术体系。加快上海产业技术研究院建设,围绕数字服务、生物医学、智能制造和绿色能源4个领域建成12个专业技术服务平台，举办 3 次金桥产业技术创新会议，启动实施"创新伙伴计划"。其中，与通用电气公司、上海交通大学、第九人民医院、联泰科技公司等合作推进 3D 打印研发服务平台建设；与化工研究院合作推进生物试剂、食品安全检测研究；与瑞金医院、儿童医院合作建立了疾病基因检测服务机制。与此同时，加快构建产业技术创新战略联盟，全年新建联盟 11 家，累计达到 78 家。稳步推进电科院、电缆所等新型科研院所改革试点。

三是积极推进成果示范应用。新能源汽车、崇明生态岛、文化科技融合等重大示范工程取得积极进展，重点支持荣威 550 插电强动力混合轿车和自主知识产权的荣威 E50 纯电动轿车投入生产，开发了新体系高能量超级电容，完善了超级电容城市客车各项关键技术；上海市示范运行的节能与新能源汽车总数达到 2500 辆以上，承建的新能源汽车中央党校体验中心正式运行。不断深化崇明生态岛科技支撑，与联合国环境开发署合作完成了崇明生态岛建设的国际评估。同时，新启动北斗导航应用示范、大数据技术攻关和应用推广等工程，北斗导航相关基础设施和共性技术平台等科研基地启动建设，上海北斗地基增强网建成开通；发布启动大数据三年行动计划，积极推进大数据技术攻关、产品研制、应用模式创新等任务。

四是加快生物医药产业发展。在全面完成第一轮行动计划，2012 年全市生物医药行业经济总量达到 2085 亿元的基础上，进一步从产业结构优化、产业基地建设和创新产品培育，以及产业政策完善等方面加快行业发展。2013 年 1—11 月，行业经济总量达到 2067.65 亿元，同比增长 10.21%，其中制造业产值、商业销售和服务外包收入分别为 824.59 亿元、1092.91 亿元和 150.15 亿元，同比增长 11.03%、7.51% 和 28.47%。创新型龙头企业加快发展，重大创新产品加速涌现，微创医疗、科华生物等龙头企业年产值超过 10 亿元，和黄药业、中信国健、上海恒瑞等企业在现代中药、抗体药物和化学药物制剂等领域形成特色；销售超 10 亿元的产品有 6 个，超 4 亿元的产品近 20 个。与此同时，研究制订了生物医药产业新一轮行动计划（2013—2017 年），在追求经济总量（3500 亿元）的同时，更加注重产业结构和发展质量的优化提升。

3. 深入推进城市创新体系建设

一是加快企业技术创新主体培育。按照企业生命周期，针对性地对不同阶段的企业予以重点支持。对于初创期企业，提供"创业苗圃+孵化器+加速器"的孵化服务，用好中小企业创新资金；对于成长型企业，实施科技"小巨人"工程，2013 年新增 35 家"科技小巨人企业"和 101 家"科技小巨人培育企业",49家本市创新资金支持的科技型中小企业在新三板挂牌;对于大企业,设立企业专项,与上汽、华谊、电气集团开展创新合作,鼓励和引导产学研用协同创新。修订《上海市科技型中小企业技术创新资金管理办法》,运用前补助、后补助、贷款贴息等多种资助方式支持企业技术创新。

二是支持张江国家自主创新示范区建设。张江示范区2020规划获国务院批复,启动编制空间和产业规划。成功争取到中关村"五险一金"等5项费用列入加计扣除范围,职工教育经费税前扣除、股权奖励个人所得税分期缴纳等3项政策在张江实施。推进股权激励、科技金融和行政审批权限下放等重点工作,修订发布《张江国家自主创新示范区企业股权和分红激励试行办法》,纳入了对事业单位股权激励的详细规定,降低准入门槛,优化完善流程,目前已有9家单位实施股权激励;13类20项市级行政审批权下放园区,涉及土地出让、规划参数调整、外商投资企业设立审批、环境影响评价等。与此同时,深化市区联动,积极推进区县"创新热点"计划实施,现有4个"创新热点"加快发展,其中闸北"轨道交通运控信号系统"14个成员单位2013年主营业务收入148.5亿元,利税15.8亿元,累计拥有知识产权总数233个;杨浦"绿色土木"21家成员单位主营业务收入156亿元,利税9.8亿元。组织17个区县参与2013年全国科技进步考核,并获全部通过,10个被评为先进区。

三是加强科技创业服务。进一步构建完善以"创业苗圃+孵化器+加速器"为载体的孵化服务链和以"专业孵化+创业导师+天使投资"为核心的孵化服务模式,科技企业孵化器进入"数量跨越"和"质量跨越"双跨越的发展阶段。2013年,新备案5家创业苗圃、引进创业项目732个,累计建设创业苗圃59个、培育项目3236个。其中,1458个成立公司,培育成功率达45%;新建孵化器16家,符合市级标准的孵化器达到101家,孵化面积共计130万平方米,在孵企业4087家。加快研发公共服务平台建设,发布《关于进一步推进区县研发公共服务平台建设的指导意见》,大力提升区县科技公共服务能力,上海研发公共服务平台目前已集聚了12家技术创新服务平台,73家专业技术服务平台,34家国家级检测中心,275个在沪国家级、部委级工程中心与重点实验室,162家市级检测站的资源,截至2013年11月底,注册用户达45.9万人,累计对外服务达到7185万次,门户网站累计访问量近3亿次。进一步促进科技与金融结合,加快建设科技信贷、股权投资、资本市场和科技保险"四大功能板块",重点推进"3+X"科技信贷体系和科技金融信息服务平台二期建设，平台已经与34家金融机构、54家投资机构建立了合作关系，注册科技金融专家、信贷员、专员超过200人，收录各类科技认定项目4000余项、科技企业8000余家。2013年1—11月，共有454家企业通过平台获得银行贷款18.24亿元（其中首次获款企业占到30%），预计全年将达到470家企业和19亿元，占全市科技信贷总量的比重分别为42.7%和19.0%。

四是促进政策完善和落实。按照市委办印发的《中共上海市委、上海市人民政府关于贯彻〈中共中央 国务院关于深化科技体制改革加快国家创新体系建设的意见〉的实施意见》的分工表要求，抓紧推进落实各项工作。继续做好研发费用加计扣除、成果转化、高新技术企业认定等普适性政策的落实，据统计，4092家企业享受2012年度研发费用加计扣除额达234.83亿元，减免税收58.7亿元，同比增加18.5%，享受企业数比上年度增加27.6%。2013年，新认定高新技术企业928家、技术先进型服务企业17家，累计分别达到5140家和300家，2012年共减免税收100.98亿元。2013年1—11月，新认定高新技术成果转化项目647项，同比增长1.9%，其中电子信息、新材料、生物医药等重点领域项目分别占比29.37%、17.62%和9.12%；全市经认定的技术交易合同数为23 808件，累计成交金额559.92亿元，同比分别增长-4.5%和7.2%。

4. 深化科技管理改革

遵循科技规律，着眼于创新全链条，加快推进从研发管理向创新管理拓展，并调整优化创新资源配置，改革行政方式方法。

一是着力转变政府职能。调整内部处室设置与职能安排，新组建创新服务处，撤销信息技术处，调整高新技术产业化处、体制改革和法规处职能，加强创新服务体系建设，加强高新技术领域创新布局的统筹与协调，加强依法行政和深化科技行政审批制度改革。

二是改革完善科技经费管理。研究制定《上海市科研计划专项经费管理办法》，优化科研经费预算管理，提高项目承担单位预算调整权限，健全人员绩效激励机制，完善事中、事后补助投入方式，探索"投资"和"奖励"等新型投入方式，并进一步明确监管责任。会同市财政局、市发展改革委等部门建设科技成果转化和产业化项目库、成果库，加强统筹布局和工作协同。

三是进一步加强依法行政。出台《市科委工作规则》，建立健全规范、协调、透明、高效的政府工作制度和运行机制，发布技术合同认定等3个行政执法审批权的标准化程序，加强依法行政和行政监督。发布《上海市科学技术奖励规定实施细则》，加强对青年科技人才、科学普及，以及企业创新的奖励力度，上海获国家科技奖励数占授奖总数比重连续11年保持10%以上。

此外，成功举办中国（上海）技术交易会、2013年全国科技活动周暨上海科技节、浦江创新论坛和中国创业周活动，以及中国工业博览会创新馆筹展等。

（二）典型案例2：南京市城市创新发展模式

南京位于长江下游中部富庶地区，江苏省西南部，土地面积6587平方千米，截至2012年年底，常住人口2380.43万人，年末从业人员数1115.50万人，GDP达到7201.57亿元。南京市是长三角及华东地区第二大城市，是我国重要的经济和金融中心、科技创新中心，是长三角辐射带动中西部地区发展的重要门户城市。南京作为科技创新的典型城市，2009年被科技部正式批准为国家科技体制综合改革试点城市，2010年又成为首批"国家创新型试点城市"。南京的科技创新取得了显著成绩，首先，南京市基础条件得到改善，2012年全市GDP比2011年的6145.52亿元同比增长17.2%，按常住平均人口计算，人均GDP为88 525元/人。其次，创新投入增加明显，2011年，全社会R&D经费由上年的145.5亿元增加到178.83亿元，全社会R&D经费占GDP的比例为2.91%，同比增长0.34%。再次，创新绩效增加明显，2012年全年专利申请总量由上年的28 043件增加到42 732件，同比增长52.4%，其中年发明专利累计授权量由上年的13 276件增加到18 561件，增长39.8%。最后，南京市科技体制综合改革重点领域取得突破，南京市创新科技投入机制、产学研合作机制、技术转移机制、产业技术联合攻关机制，并取得良好的效果。总之，南京市的科技创新创业平台载体建设明显加快，企业技术创新主体地位逐步强化。

南京市不断深化科技体制综合改革，着力推动将南京的科技、教育、人才优势转化为科技创新创业优势，努力走出一条具有南京特色的"创新驱动、内生增长、绿色发展"之路，形成了南京科技创新发展模式，这种模式的特色具体分析如下。

1. 敢于尝试，不断创新和完善科技政策法规体系

地区科技创新的发展离不开国家和地方科技政策的支持，科技创新的发展很大程度上受限于科技法规政策环境是否完善。南京市首先强化地方科技法规建设，为科技创新提供良好的环境，如南京市从2008年起，连续4年每年出台一部促进科技创业创新的单行地方性法规，包括《南京市技术市场条例》《南京市科普条例》《南京市促进技术转移条例》《南京市知识产权促进和保护条例》等。其次，在此基础上，敢于尝试创新各种科技政策。例如，南京市2011年出台《中共南京市委关于聚焦"四个第一"，实施创新驱动战略，打造中国人才与科技创新名城的决定》和与之配套的实施细则（简称"1+8"系列政策），明确了南京"十二五"科技发展指导思想和"聚焦人才第一资源、教育第一基础、科技第一生产力、创新第一驱动力"的战略方针，覆盖了科技创业创新的方方面面，以"组合拳"的形式，形成了一套较为完整的支持科技创业创新的政策体系。2012年年初，南京市与省科技厅、教育厅联合印发了更具突破性的《深化南京国家科技体制综合改革试点城市建设，打造中国人才与创业创新名城的若干政策措施》（简称"科技九条"），着力破解科技创业者的身份之忧，提高科技人员与科研成果的市场价值，解决科技创业企业初创期难题，以求达到通过扶持科技创业解放南京的人才和科技生产力的核心目的。

2. 整合资源，倾力打造科技创业创新载体平台

南京市通过整合、集成地方行政资源和高校、院所科教资源，打造科技创业创新载体平台，形成深化科技体制综合改革、建设创新型城市的重要抓手。具体表现在以下3个方面。

一是实施科技创业特别社区（以下简称特区）建设计划，设立每年不少于2亿元的"南京市特区建设与发展专项资金"，倾力打造20个用地近50平方千米的创业特区，营造鼓励科技创业的特殊环境。

二是实施科技创业创新平台共建计划，设立每年1亿元的平台建设专项资金，鼓励区县（园区）按照大学校区、科技园区、公共社区"三区融合、联动发展"的创新思路和"孵化器+加速器+产业园"的模式，选择与国内外研究性大学共建大学科技园；按照"产业技术研究院+学科型公司"的模式，选择与国内外研究性大学、研究所的相关优势重点学科，共建战略性新兴产业创新中心，进一步发挥研究性大学、科研院所的科技创新资源优势，畅通科技成果转移转化渠道，培育科技创业企业和战略性新兴产业。

三是实施高端研发机构集聚计划，加速集聚一批国内外著名企业研发中心和高端产业集群，力求把南京建设成为具有较大发展潜力和重要影响的国际研发城市和世界研发服务外包首选城市。

3. 加速集聚，着力构建科技创业创新人才高地

南京市非常重视科技人才的培养和引进。在思想战略上突出"人才引领、科技创业"，实施"321"高端人才引进和培养计划，大力引进海内外领军型科技创业人才和创新团队，培养一批在相关领域具有示范引领作用的科技创业家。力争用5年时间，引进3000名领军型科技创业人才，重点培养200名科技创业家，加快集聚100名国家"千人计划"创业人才。对领军型科技创业人才给予100万~200万元创业启动资金，提供不少于100平方米的工作场所和不少于100平方米的人才公寓；将教授、研究员岗位定向提供给入选者。对科技创业家提供总额不低于1000万元的融资担保，给予有关租金减免、税费补贴，以及按上级财政资助额1∶1配套奖励等优惠政策。

4. 多元并举，建立健全创业创新投融资服务体系

南京市构建覆盖科技研发、科技创业、成果产业化等不同阶段、不同特点的多元化科技创业投融资服务体系，这些都是深化科技体制改革、建设创新型城市的重要支撑。通过金融资本要素和科技创业创新的互动，形成"创有所扶、长有所促、成有所励"的具有南京特色的科技创业投融资机制。具体方式如下。

一是设立每年不少于1亿元的科技创业种子（天使）投资基金，并将市科技创业投资基金扩大到不少于10亿元，各区县和开发区也相应配套设立，通过无偿资助、偿还资助、直接股权投资、引导性投资等方式，专项用于扶持各类孵化器内的在孵企业和引导设立投资于初创期科技创业企业的创业投资基金。

二是搭建支持科技创业创新的投融资服务平台。依托市科技成果转化服务中心设立科技创业金融服务中心，建立科技创业企业融资网上直通窗口、融资服务热线电话和现场咨询洽谈服务大厅；组建科技创业投资集团，打造一个集创业投资、融资担保、小额贷款、基金募集和管理等业务于一体的专业科技创业投资平台；组建南京联合产权交易所，为科技创业企业和科技成果转化提供包括股权流转交易、私募发行（股权融资）交易、技术产权交易、私募基金发行交易等的综合金融服务。

三是加快科技银行建设及科技小额贷款公司、科技保险等金融机构的发展。设立科技信贷风险补偿资金，由政府和银行共同承担；发展科技小额贷

款公司，实现对省级以上开发区及科技创业集聚园区的全覆盖，并逐步扩大到特区；设立科技保险补贴专项资金，根据科技企业申请的险种给予保费补贴。

（三）典型案例3：苏州城市创新发展模式

苏州是华东地区的特大城市之一，东邻上海，背靠无锡，隔湖遥望常州，南临浙江，与嘉兴接壤，是江苏省的东南门户，上海的咽喉，苏中和苏北通往浙江的必经之地，地理位置优越。苏州全市面积8488平方千米，2013年全市户籍总人口653.84万人，人均地区生产总值超过12万元，是我国经济发达地区之一。

苏州属于自然资源匮乏的地区，科技资源也十分缺乏。在建设国际新兴科技城市和创新型城市的过程中，苏州把与高等院校、科研院所的产学研合作作为增强苏州科技创新能力的一项重要举措，有效聚集科技资源和创新要素，不断提升企业自主创新能力。2013年，苏州市研究与试验发展经费支出占地区生产总值的比重达到2.6%，全市新增省级以上工程技术研究中心104家，累计441家，专利申请量和授权量分别达到14.1万件和8.2万件。苏州市建设创新型城市的主要特征如下。

1. 政府主导，构建产学研合作长效机制

政府发挥高层次联系和纽带作用，在产学研合作工作中扮演重要角色。通过高层互访、科技行等活动，苏州市政府先后与中国科学院、清华大学、北京大学、国防科技大学、中国科技大学、中南大学、同济大学、上海交通大学等20多所省外高校和江苏省22所高校签订了全面合作协议，为后续开展有针对性的项目合作奠定了基础。尤其在引进重点科研院所、重大科技成果的过程中，苏州市各级政府发挥了重要作用，促使全国的科技资源逐步向苏州集聚，使苏州由传统的旅游城市向科技新兴城市发展。苏州建立了高校产学研合作办公室，目前已有浙江大学、东南大学、西安交通大学、南京理工大学、上海理工大学等十多所高校派出的教师进驻。市财政、市科技局还专门设立了产学研合作专项经费。

2. 政策导向，引领产学研合作发展之路

2006年，苏州市出台了《关于增强自主创新能力建设创新型城市的若干政策意见》，一个很重要的举措就是大力加强科技交流与合作，充分利用全球科技资源，把目光瞄准高等院校、科研院所，以优惠政策、优质服务把国家863、973等重大项目、关键技术、创新人才吸引到苏州来；提高产学研合作

层次,重点推进企业与高校、科研院所、国防科工委系统的科技合作;鼓励高校、科研院所与企业在相互参股、利益共享、风险共担的基础上建立科研生产联合体,实现科研开发优势与生产经营优势的高度融合。

苏州市政府鼓励国内科研院所、高等院校在苏州建立研发机构,重点保障并优先安排其建设用地,其中科技创新载体项目用地实行工业项目用地供地方式,对国家级科研院所、重点高等院校在苏州建立独立研发中心、重点实验室,经有关部门认定后,给予200万元以内的资助。

苏州市支持企业建立研发机构。对新建的国家级、省级工程技术研究中心、技术中心、工程中心分别给予一次性资助200万元、100万元,以企业为主、科研机构联办的工程技术中心、技术中心、工程中心,经有关部门审核后,享受相应的优惠政策;支持在苏高校、科研院所承担国家、省级重大科技创新项目,对在苏州实施国家、省级重大科技创新项目的高校、科研院所予以一定比例的配套。

苏州鼓励科技人员到苏州创新创业,全市每年扶持数十名创新创业领军人才,重点支持集成电路与软件、现代通信、光电子、纳米技术、生物医疗、新材料、装备制造、节能环保、汽车零部件、精细化工、特色农业、现代服务业等领域。对落户在苏州的创新创业领军人才给予20万~100万元的安家补贴,享受创业载体提供的不少于100平方米的工作场所,并免除3年租金;享受创新载体给予的教授或研究员职位和相应的研究生招生指标,并提供不少于50万元的科研启动经费及相应的实验场所和设备;给予不少于200万元的科技专项经费资助。

3. 以重大活动推动企业与高校院所的产学研合作

企业是研究开发的主体,技术创新的主体,创新成果应用的主体,所以企业也是产学研活动的主体。近年来作为主管部门,市科技局积极组织各种形式的产学研活动,引导企业联合创新,为企业的创新活动搭桥铺路。例如,"民营企业科技行"是苏州多年来坚持的卓有成效的产学研对接活动之一。近几年来先后组织了百强科技企业"北京行""东北行""中南行""西北行""武汉行",取得了非常好的成效。各县区也举办了丰富多彩的产学研活动,常熟市率先在全省开展了乡镇科技特派员试点工作,张家港率先在全省开展了在规模企业中设立研究生工作站的试点工作,这两项工作已在全省推广。在各级政府强力又持久的推动下,企业在产学研活动中的作用得到了提升。

4. 创新服务，搭建产学研合作承载平台

引入更多的大院大所和高校创新载体，实现高校院所的科技资源在苏州集聚，一直是苏州产学研工作的重点。截至 2009 年年底，南京大学、中国科学技术大学、武汉大学、西安交通大学、同济大学、东南大学、人民大学、四川大学等 10 多所国家 211、985 重点高校在苏州设立了集科研、教学于一体的独立研究院；东南大学国家大学科技园、西安交通大学国家大学科技园、苏州大学科技园、中国科学技术大学苏州科技园、苏州科技学院大学科技园在苏州落户（成立）。苏州引进了一大批国家一流科研院所，包括中科院苏州纳米研究所、中科院苏州生物医学工程技术研究所等重大科研院所。苏州独墅湖科教创新区、苏州科技城作为自主创新的基地，不断与高校院所合作，引入具有产业化前景的科技项目，加速科技资源集聚。

第8章
促进城市创新发展的政策建议

一、要加强对城市科技创新的规划编制与分类指导

研究制定城市创新发展规划。城市创新是一个系统工程,需要进行全面的规划和部署。要研究制定创新型城市建设专项规划,对城市发展明确目标要求、功能定位、创新方向和主要任务,加强城市总体规划、土地利用规划、产业发展规划与科技规划的有机衔接,提高和充分发挥科技创新在今后城市建设中的地位和作用。建议国家在编制国民经济"十三五"规划时,将城市创新能力建设纳入规划,以强化城市创新资源配置和竞争能力提升。探索按照不同城市规模和主导产业发展类型,从科技金融、科技体制与机制改革、科技创业、科技成果转化、科技服务产业转型等多角度开展创新型城市试点。

同时,根据不同城市创新资源配置情况,对城市科技创新进行分类指导。按照我国各个城市在经济发展阶段、区域资源禀赋、科技发展基础、科教创新资源布局、区域功能定位的不同,实施本质化、差别化、个性化的措施。通过部省会商制度,共同研究明确各个城市创新的重点和突破领域;并针对不同城市分类指导,分阶段、分批次、分梯级地推进各个城市的科技创新工作。要求地方制定城市科技创新发展规划,明确目标,选择所依托的关键产业和技术,建立起完整的城市创新体系;鼓励各个城市针对自身条件和基础开展不同形式、不同方向的试点,形成各具特色、格局效果的多元化创

新发展模式。

二、城市创新要更加注重对企业创新的引导，提高企业自主创新能力

企业是经济活动的基本单元，在市场经济体制下，城市科技创新只有将企业作为技术创新的主体，才能敏锐把握市场需求，有效整合产学研力量，加快创新成果的转化应用，推进科技与经济的有效结合。因此，各级政府在推动城市创新的过程中，应更加注重对企业创新的引导，要积极转变政府财政支持科技创新的方式，探索采用贷款贴息、税收优惠、基金引导和股权投资等多种方式，支持企业技术创新；建立和完善促进城市科技型企业，特别是科技型中小微企业发展的财税激励政策，鼓励金融机构对企业技术创新给予优惠的信贷支持，鼓励商业银行开发支持企业技术创新的贷款模式、产品和服务，加大对企业技术创新的融资支持；探索建立中小科技企业创业担保基金，特别是通过知识产权质押为创新小企业融资，多角度、多层次地强化对企业创新的引导和支持，重点是引导企业自身强化对技术创新的投入。

建立与完善以企业为主体的产学研合作机制。支持企业建立研发机构，对企业自建实验室、技术研究中心等给予引导和项目支持；鼓励企业与外部机构合作建立博士后工作站、技术研发中心、工程中心、实验室等研发机构；支持企业与科研单位建立技术参股、效益分成、委托研发等多种形式的产学研合作利益分享机制。对国家和市级重点实验室、研究中心、工程技术中心等向企业开放按照绩效予以补贴，促进企业之间、企业与高等院校和科研院所之间的知识流动和技术转移。

三、强化城市多层次的科技创新公共服务平台建设

政府在城市创新中要提供公共服务支撑，重点是围绕解决关键技术问题的能力建设搭建一批科技公共服务平台。城市政府应借助高校与科研机构的研发资源，专门针对城市产业发展的关键共性技术，引导本地企业与高校、科研院所联合共建一批公共研发平台，积极开展研发和创新活动；支持企业与外部研发机构建立技术研究中心，以及与成果转化、人才培训、信息服务相结合的"四位一体"产业集群公共技术研发平台。同时，各地要以市场需

求为导向,企业为主体,建立一批由企业、科研院所和高校共同参与的产业创新战略联盟,通过联合开发、优势互补、利益共享、风险共担的合作机制,聚集各类创新要素,开展关键共性基础技术的研究与自主创新。此外,要积极引进和培育一批专业化的中试、检测、法律、技术交易等中介服务机构,鼓励技术交易、科技咨询、知识产权、创业投资、科技企业孵化器及生产力促进中心的建设,建立一批创新资源公共服务网络与服务平台,有效整合各类创新资源,为城市科技创新主体开展科技研发和成果转化提供有效支撑,并提高城市科技资源的管理能力和共享能力。

四、城市创新要注重培育一批产业创新集群网络

高新技术产业是城市经济竞争的焦点,是城市创新的动力源泉。城市创新过程中,要重视对于已有高新技术产业开发区、科技园及其他相关产业基地的创新网络体系建设,要努力形成大中小企业密切配合、专业分工和协作完善的产业集群网络体系。要充分发挥已有高新技术产业开发区和大学科技园对创新资源和要素的集聚作用,在市场作用的引导下,通过土地、税收等一系列优惠政策吸引知识、资本、技术、信息、人才等各种创新要素集聚,形成研发机构、企业、中介机构、金融机构等多主体参与的创新网络体系。重点是以园区为载体,积极搭建各类公共服务平台,为企业提供孵化、中试、检测、政策、管理、法律、财务、投资、市场推广和培训等方面的服务,为创业企业孵化、高新企业研发、创新人才培育、科技成果转化提供发展空间和创新增值服务,为企业与政府、大学与社会等资源建立多渠道的联系。同时,要强化产城一体化建设,在园区内适度安排商业、娱乐、居住、办公、学校、医院等生活配套设施建设,使园区成为集生产、科研、居住、娱乐、教育为一体的综合性科技园区,进而充分发挥其在创新要素集聚、创业孵化、科技成果转化中的重要作用,将其打造成为城市科技创新成果转化、应用示范和高新技术产业发展的重要载体。

对于经济欠发达地区的城市,要在已有产业园区的基础上,按照补链招商的原则,加大招院(所)引智的力度,积极引导符合特色产业导向,具有一定产业关联性的企业、研发机构、科技人才和创新团队、科技中介服务机构向城市产业园区集中,并在企业和科技研发机构的用地、财税及科技人才的奖励机制等方面给予政策倾斜。特别对于城市产业链条薄弱的环节,通过

提供金融等方面的优惠政策，吸引有带动能力和技术迁移效益的科研院所和企业研发机构加入集群，为产业集群化发展注入创新活力，提高产业集群内企业的整体创新能力。通过园区吸引和培育一批民生科技企业、研发机构、金融机构和相关的社会中介机构，形成产业科技创新网络集群，促进城市产业集群化发展。

五、加大对创新人才的引进和培育力度，建立有效的人才激励制度和政策体系

人才是实施创新驱动战略的根本。城市创新必须高度重视创新型人才的引进和培养。首先，要加大城市产业发展所急需的专业技术人才的培养力度。可采用企业出资培训，科研机构、高校出人，政府出政策补贴的模式，鼓励和支持企业科技人员在岗培训、进修和学习，从政策和制度上为科技人员创造不断深造的机会。加强实用性人才的培养；同时，要引导本地高校主动适应经济社会发展对各类专门人才的需求，优化学科专业布局，结合重大专项研究领域，抓紧培养紧缺人才；大力发展职业教育，重点培养城市创新所需的各类高技能人才。其次，要积极引进和培育一批城市创新发展所需的高层次创新型人才。要充分挖掘国际、国内各方面创新型人才资源，大力引进高层次人才和紧缺人才，形成高素质、优结构的与构建城市创新体系相配套的创新型科技人才队伍。

与此同时，要在利用开展创新型城市试点的契机，积极改革和完善科技人才激励机制，激发科技人员的创新创业活力。要进一步完善和改革人事管理制度，通过各部门政策的整合和研究制定一系列吸引国内外科技专家、企业家等参与高技术研究及成果转化的优惠政策，如通过股权激励、个人所得税减免、住房和福利保障等政策，保证技术拥有者、企业经营者和高层管理人员以智力投入获得相应报酬或相应权益；在与职务发明相关的知识产权界定过程中，要探索更加灵活的分配机制，即企业可尝试对做出突出贡献的科技人员和经营管理人员实施上不封顶的期权、技术入股、股权奖励等措施，逐步建立起贡献、绩效与汇报挂钩的分配激励机制，使各类企业成为创新人才的首要集聚地，努力激发人才创新活力，让城市成为高科技创新人才引得进、留得住、干得好的沃土，形成创新人才集聚的新局面。

此外，中央要加大对欠发达地区的科技人才引进和培育的政策倾斜。建

议由国家设立欠发达地区专项科技创新基金，对当地有市场前景的项目和愿意到欠发达地区创业的科技人员给予资助和补贴。在人才引进培养方面，欠发达地区的城市应建立完善的专业技术人才培训体系，引导有条件的企业开展自主培训，并广泛开展与各类机构的人才交流与合作机制，建立统一开放的各类人才市场，强化创新人才引进力度，同时依托城市特色专业、优势学科，创造条件吸引外部人才参与本地区的关键技术研发和科技服务支撑。

六、积极推动城市群内部的城市分工与协同创新

城市创新的推进需要以城市群为单元来展开。要围绕城市群内部城市的合理分工与区域创新体系建设，构建城市群内部科技协同创新的会商与沟通协调机制。可探索建立城市政府间的科技合作联席会议制度，由各地分管领导轮流担任科技联席会议董事，成员包括各政府科技管理部门、各高新技术产业园区负责人和企业家代表、高校与科研机构代表等，就区域科技发展战略、城市群功能定位、城市协同创新分工、重点任务和具体举措等有关事宜进行协商，联合编制区域科技协同发展规划和区域科技合作政策与制度等。

构建城市群内部一体化的生产要素市场体系。建立城市群内部统一的资金市场、劳动力市场、技术市场和企业产权市场，实现区域在技术、信息、人才等生产要素上的一体化，促进城市之间科技创新优势资源的"共享"。一是推进区域技术交易市场的一体化建设。在技术交易方面，建立健全覆盖区域主要城市的技术交易网络，创新交易制度，整合产权交易系统，完善信息共享、标准统一的技术交易服务体系，形成统一的产权交易市场，确保商品和生产要素自由流动。二是推进城市群人才一体化建设。深化区域在人事档案管理、社会保障、科研评价等相关制度方面的改革与对接，研究制定鼓励体制内科技人员到企业中从事技术创新的具体政策，推动区域高校和科研机构创新人才向企业流动和兼职。组建跨区域人力资源共同市场、人才协调与政策服务中心，通过人才政策互惠互利、人才流动互通互融、人才评价互认互准、人才创新创业互助互促等举措，加快区域各类人才的交流与共享。三是加快城市群一体化科技投融资体系建设。共同投资设立区域性科技合作引导基金或科技合作风险基金，采取贷款贴息、投资入股等方式，支持区域内高校、科研院所、企业联合开展共性技术研发。共同组建科技创新投融资管理平台，建立区域一体化的科技信用体系和科技担保公司。

面向城市群科技协同创新，搭建一批区域科技协作服务平台。建立区域科技基础条件协作平台和创新资源共建共享服务平台，完善区域大型科研仪器设备网络，推动区域城市间大型科学仪器设备面向企业、高校与研发机构开放共享；共同建立各类孵化器和生产力促进中心，带动项目交流、合作和高新技术成果的产业化；共同出资建立产业协作投融资平台，完善多层次投融资渠道和市场，促使人才、项目、资本、市场等资源要素的集成整合与分工协作。同时，要围绕区域重点领域、优势产业，引导区域内大中企业实行强强联合，组建若干跨区域的产业技术创新战略联盟或行业技术协会，充分发挥其在行业标准制定、人才培训、技术推广、信息服务、对外交流与合作等方面的纽带作用，推进产业链各方的深度对接。

参考文献

[1] JOSEPH A SCHUMPETER. The theory of economic development: an inquiry into profits, capital, credit, interest, and the business cycle[M]. New Brunswick: Transaction Publishers, 1911.

[2] FREEMAN C. Technology policy and economic performance-lessons from Japan[M]. London: Frances Pinter, 1987.

[3] COOKE P. Regional innovation systems: competitive regulation in new Europe[J]. Geoforum, 1992（23）: 365-382.

[4] 赵黎明, 冷晓月. 城市创新系统[M]. 天津: 天津大学出版社, 2002.

[5] JEAN GOTTMANN. Megalopolis: the urbanization of the northeastern seaboard[J]. Economic geography, 1957, 33(3): 189-200.

[6] 范斐, 杜德斌, 李恒, 等. 中国地级以上城市科技资源配置效率的时空格局[J]. 地理学报, 2013(10): 1332-1341.

[7] 梅姝娥, 陈文军. 我国副省级城市科技资源配置效率及影响因素分析[J]. 科技管理研究, 2015(6): 64-68.

[8] 黄宇, 王晓军, 战国. 城市科技资源配置体系的构建与评价——杭州实证研究[J]. 科技管理研究, 2011(19): 51-55.

[9] 徐建国. 我国科技资源空间分布的实证研究[D]. 北京: 清华大学, 2005.

[10] 范清敏, 申婷婷. 基于科技资源配置效率的城市群联动效应研究[J]. 统计观察, 2016(21): 96-99.

[11] 盛彦文. 东北三省科技资源产出效率与经济贡献研究[D]. 北京: 中国科学院, 2017.

参考文献

[12] 杨向辉. 科技资源配置、技术转移与区域经济协调发展研究[D]. 天津: 天津大学, 2010.

[13] 宁仕鹏. 广东省科技资源配置效率评价及对策研究[D]. 广州: 华南理工大学, 2012.

[14] 孙绪华. 我国科技资源配置的实证分析与效率评价[D]. 武汉：华中农业大学, 2011.

[15] 徐巧玲. 科技资源配置与经济增长的关系[J]. 社会科学家, 2014(6): 61-64.

[16] 孙益祥. 创新型城市发展的关键要素分析[J]. 长春教育学院学报, 2012, 28(1): 45-47.

[17] 李志刚, 吴缚龙, 刘玉亭. 城市社会空间分异：倡导还是控制[J]. 城市规划汇刊, 2004(6): 48-51.

[18] HALL PETER. Cities in civilization[M]. London: Weidenfeld and Nicolson, 1998.

[19] 丁成日. 城市"摊大饼"式空间扩张的经济学动力机制[J]. 城市规划, 2005(4): 56-59.

[20] 许正权, 潘雄锋. 点、线、面一体的创新型城市建设构架[J]. 市场周刊, 2009(4): 52-57.

[21] 胡俊峰. 创新型城市建设的国内外经验及其对南通的启示[J]. 江海纵横, 2014(1): 19-23.

[22] 仁勇, 杨道云, 陈红. 城市创新能力评价指标体系的构建及实证分析[J]. 科技进步与决策, 2009, 26(17): 141-144.

[23] 顾伟男, 申玉铭. 我国中心城市科技创新能力的演变及提升路径[J]. 经济地理, 2018, 38(2): 113-122.

[24] 刘雷, 喻忠磊, 徐晓红. 城市创新能力与城市化水平的耦合协调分析——以山东省为例[J]. 经济地理, 2016, 36(6): 59-66.

[25] 毕亮亮, 潘锡辉. 关于我国创新型城市建设的思考[J]. 中国科技论坛, 2010(12): 30-35.

[26] 陶雪飞. 城市科技创新综合能力评价指标体系及实证研究[J]. 经济地理, 2013, 33(10): 16-19.